Finanzielle
Freiheit
DIE WAHL

Zusammengestellt von
JUDI POPE KOTEEN

Titel der amerikanischen Originalausgabe:
FINANCIAL FREEDOM
THE CHOICE
Copyright 1990 by Beyond Words Publishing Inc.
Aus dem Amerikanischen von
Gabriele Herpers

ISBN 3-89539-056-9
2. Auflage

bei *In der Tat Verlag*
D-86971 Peiting

Dieses Buch wurde mit Genehmigung der "Beyond Words Publishing Inc." herausgegeben. Bei Interesse an einem kostenlosen Katalog weiterer englischer Bücher und Kassetten schreiben Sie bitte an: Beyond Words Publishing Inc., Rt 3, Box 492 B, Hillsboro, Oregon 97123, USA

Besonderen Dank an Adrianne und Jennifer,
ich liebe euch, meine kleinen Lichter; an meine Mutter,
die mich Makellosigkeit gelehrt hat und an Earl, der auf der
größten Suche ist von allen.

Für alle, die Freiheit ersehnen

Widmung und Danksagung

Ich bin Bernie dankbar, daß er mich dazu ermunterte, lang aufzubleiben und zu reden. Ich danke Minni, daß sie mich antrieb, und Maureen für ihre Liebe, ihren Glauben an mich und für ihre Unterstützung. Dank an Stan, der uns alle heilte und mich dazu brachte, Fragen zu stellen; und an Mary, die mich dem Wind vorstellte. Ich danke den Carols und Jeffrey, Tom, Pavel und David für ihr Lachen und ihre Tränen; Scott, daß er sich selbst liebt; Joe, der dafür sorgte, daß ich dran blieb und mir dennoch Freiraum ließ; Marri, die nicht still blieb. Dank an JZ, die es mir erlaubte, und an Richard und Cindy, daß sie mich darum gebeten haben.

Vorwort

1977 erschien Ramtha JZ Knight auf der Schwelle ihrer Küche in Tacoma, Washington (USA). Seither ist nichts mehr so, wie es war.

Ramtha ist ein Rätsel, so nennt er sich selbst. Da die Aufmerksamkeit der Gesellschaft über das bloße Phänomen des Channeling hinausgeht und immer mehr Menschen beginnen, einen ernsten Blick auf die darin enthaltene Botschaft zu werfen, wird Ramtha zweifellos als einer der größten Vermittler und Lehrer aller Zeiten begrüßt werden.

Er lebte vor 35000 Jahren auf der Erde und war während des größten Teils seines Lebens ein wilder Eroberer, bis er in einer Schlacht verwundet wurde. Er zog sich auf einen Berg zurück, um über das Leben nachzudenken, und verbrachte sieben Jahre auf einem nackten Felsen damit, über Sonne und Mond, Leben und Tod und über Dinge nachzudenken, die sich nie zu ändern scheinen. Als er den Felsen verließ und zu seiner wartenden Armee zurückkehrte, kehrte er als erleuchtetes Wesen zurück, denn er hatte die Illusion, die "Leben" genannt wird, durchschaut. Er blieb und lehrte sein Volk viele Jahre lang und stieg schließlich vor vielen Tausenden auf. Er ist "der Ram", um den die Hindus ihre Religion rankten.

Er bezeichnet sich selbst als Teil einer Bruderschaft von Wesen, die die Menschheit sehr lieben und mit Informationen gekommen sind, die uns dazu verhelfen, die notwendigen Entscheidungen zu treffen, damit wir in den Tagen, die kommen werden, persönliche Souveränität erlangen. Seine Botschaft ist eine Botschaft, die Fähigkeiten weckt und Kraft freisetzt.

Auf die Frage, was er sagen würde, wenn er die ganze Welt mit einer einzigen, wichtigen Botschaft erreichen könnte, antwortete er einmal: “Ich würde euch sagen, daß ihr Gott seid und daß ihr sehr geliebt werdet.

Bücher, die aus Ramthas Worten entstanden, basieren auf Wochenendveranstaltungen, die 'Intensives' genannt werden, und auf denen er aus dem Stehgreif über ein bestimmtes Thema spricht.

Das 'Intensiv', auf dem dieses Buch basiert, wurde im März 1987 abgehalten. Die Teilnehmer befolgten die für den Prozeß des experimentellen Manifestierens gegebenen Anweisungen. 'Intensives' sind ein Prozeß. Der Verlauf beginnt mit einem anfangs gegebenen Verständnis, so daß jeder an demselben Bezugspunkt, mit derselben Voraussetzung beginnt. Die Lehre bewegt sich auf einem emotionalen Weg. Dabei sind einige Informationen einfach und klar, andere voller Poesie.

Durch das Thema vorgegeben, war dieses spezielle 'Intensiv' teilnahmeorientierter als die meisten. Wenn das Leben die eigene Schöpfung das einzelnen ist, dann gilt das sicher auch für die Manifestationen. Manchmal wird man in diesem Buch angewiesen, sich auf den Boden zu setzen oder besser noch auf die Erde. Es wird empfohlen, zu diesem Zeitpunkt den Prozeß nicht zu unterbrechen und zu arbeiten!

Zu den Trinksprüchen gibt es Wasser mit Zitrone, und die Gebete werden laut wiederholt, um sich auf den VATER auszurichten und Ihn zu ehren.

Inhaltsverzeichnis

Besondere Danksagung

Ich bin dem Autor Stephen Smoke und Beyond Words Publishing, Inc. äußerst dankbar, daß sie mir erlaubten, die wunderbaren Zeilen aus ihrem transformierenden Buch *Trick of the Light* hier großzügig zu zitieren.

"Aber ich merke, daß es so etwas wie Zufall nicht gibt."

Trick of the Light

DIE WAHL

"Ihre Anzeige in den Gelben Seiten sagt, Sie
könnten ***jeden*** *finden."*
Sie machte eine Pause, zog wieder an
der Zigarette, atmete aus und sagte dann langsam:
"Ich möchte, daß Sie Gott finden."

Trick of the Light

PROLOG

Die epische Reise des Menschen

Also, ihr wollt Geld.

Einst fragte ich in einem Raum, der voller Menschen war, was sie wollten. Und sie sagten: "Gott sein. Und reich sein."

Also kommen wir gleich zur Sache. Ihr wollt Geld; ich nenne es Gold. Aber wir sollten einen Punkt sofort klarstellen. Eure Regierung nennt Geld nicht mehr Gold, nicht mehr seitdem der 16. Zusatzartikel eurer Verfassung das Entstehen der Einkommenssteuer ermöglichte und von internationalen Bankiers das System einer Bundesnotenbank (*Amerik.:* Federal Reserve) entworfen wurde.

Ich könnte wetten, da es "Bundes"-Notenbank heißt, denkt ihr, sie sei im Besitz eurer Regierung.

Nun, sie ist es nicht. Die Bundesnotenbank gehört sehr mächtigen Leuten, die seit Ewigkeiten mit Hilfe von religiösen Dogmen Kriege verursacht haben, um Macht zu gewinnen. Es sind die gleichen Leute, die euren Dollar nicht länger mit Gold decken, weil euer Land nicht genug Gold hat, um das Papiergeld zu decken. Und es sind diese souveränen Einzelpersonen, die eure Weltregierung kontrollieren. Sie bestimmen, wieviel oder wie wenig euer Papier wert ist. Nicht ihr seid es, die Inflation und Deflation verursachen; nicht ihr seid es, die das Ansteigen der Aktien und Obligationen erzeugen! Das geschieht durch jene, die mit Geld die Welt kontrollieren.

Deshalb ziehe ich Gold eurem Dollar vor, denn im Nu kann euer Papier wertlos sein. Gold, dieses weiche, geschmeidige, glänzende, wundersame Metall, dessen Seltenheit und Schönheit Könige und Edelleute, Reiche und manchmal sogar Arme schmückte, hat immer seinen Wert gehabt.

Gold ist ein sensibles Metall. Es wird mit Liebe und Zuneigung gegeben, weil es weich ist. Weiches Metall absorbiert die emotionalen Schwingungen, die außerhalb des physischen Körpers liegen. Euer Gold hatte seit jeher einen gefühlsmäßigen Wert. Zieht den Brustharnisch eines Königs an, und innerhalb von Sekunden spürt ihr die Herrlichkeit, weil sein Gefühl, seine Herrlichkeit, seine herausragende Haltung, als er ihn trug, in dem Metall eingeschlossen sind.

Wenn ihr die Maske eines langverstorbenen Pharaos seht, schaut in seine dunklen, tiefliegenden Augen, betrachtet die wohlgeformte Nase, und ihr werdet die Tragik spüren und die Erhabenheit erkennen, weil das geschmiedete Goldgesicht die Gesamtheit seines Trägers ausstrahlt.

Also, behielt nun Gold seinen Wert so lange, weil es glänzt, gelb und schön ist? Nein. Weil es eine stark emotionale Wirkung hat. Gold ist ein unvoreingenommenes Metall. Es bestimmt weder Haß noch Machtgier, weder Liebe und Leidenschaft noch Verrat. Es hält lediglich das Gefühl fest. Mit anderen Worten: Gold ist die Seele aller Metalle.

Eher als dieser fehlbaren Illusion der Papier-Ökonomie Glauben zu schenken, werde ich von Gold reden, wenn es um euer Streben nach finanzieller Unabhängigkeit geht. Denn wenn ihr Gold in euren Händen habt, werdet ihr durch diese Energie unsterblich.

Übrigens, das beste Gold, das ihr bekommen könnt, ist das geschmolzene und zu Barren verarbeitete, das noch von keinem besessen wurde. Dann könnt ihr Kraft und eine emotionale Wirkung in das Metall einpflanzen.

Aber kehren wir für einen Augenblick zu eurer Regierung zurück, denn ihr befindet euch, was diese Dinge anbelangt, in einer äußerst heiklen Lage.

2 3 1

$\frac{3}{5}$ $\frac{1}{5}$ $\frac{10}{4}$

6 5

07124 -

$\frac{2}{5}$ jede 2.

$\frac{}{7}$ jede 3.

923 312

JINÉ NACHTICWACE

Zw. 21 – 22^{30} /

23^{45} – 1^{30} / 2^{30} – 4^{30}

1225,-

Miete 460,-
Computer 480,-
Spenden 400,-
Kleidung 200,-

1540,-

Rest: 320

Eure Unwissenheit über die Herkunft des Geldes ist himmelschreiend.

Kommt euch nie der Gedanke, daß euer Dollar eines Tages nichts mehr wert sein könnte, egal wieviel ihr in eurer Schatztruhe habt?
Kommt euch nie der Gedanke, daß es Leute an höchster Stelle gibt, die die Macht in der Welt kontrollieren?

Ihr seid schwach, da ihr **braucht** und in **Unwissenheit** lebt. Ihr könnt große Papier-Beträge auf der Bank horten, aber wenn das Papier wertlos ist, was werdet ihr essen? Das Papier?

Hinsichtlich eurer Möglichkeiten, habt ihr euer Bewußtsein stillgelegt. Wenn alles, was ihr wollt, Geld ist, dann werdet ihr sicher unglücklich sterben. Das kann ich euch versichern. Denn Geld wird ohne Bedeutung sein, wenn der Geist (*spirit*) die Seele aus dem Körper abruft und ihr diese Zeit und diesen Ort, diese Welt, die von mathematischen Gleichungen beherrscht wird, überwindet. Es wird nichts bedeuten!

Aber danach ist euer Streben gegangen. Ihr seid sehr heilige Leute, es sei denn, es geht um Geld.

Die Halunken, die euch als Nation geführt und euch durch den Glauben versklavt haben, sagten ohne Unterlaß, daß ihr von Geburt an in eurer Seele schlecht seid. Nun, das seid ihr nicht. Ihr **braucht** einfach nur. Ihr seid als Gott geboren. Das größte Vermächtnis, das ich euch für alle Zeiten hinterlassen werde, hat sich nie geändert. Ob ich nun meine Konsonanten an die richtige Stelle setze oder nicht, ob ich die Verben an den Anfang und die Substantive an das Ende eines Satzes stelle oder nicht, die Botschaft ist klar und deutlich.

Ihr und der VATER seid eins. Und das Leben, das ihr führt, das ihr atmet, das ihr mit eurem Dasein durchdringt, ist seine Liebe, Gnade genannt. Das Königreich des Himmels liegt in euch. Nicht in euren Schlössern. Nicht in eurem Gold, eurem Geld, eurer Unwissenheit. Es ist **in euch.**

Und ihr sagt zu mir: “Das ist nichts Neues. Na und?”

Natürlich ist das für euch nicht neu. Aber nur sehr wenige von euch haben das je gelebt. Es ist neu, wenn ihr es vollständig annehmt; und euer unsteter Geist (*mind*) öffnet sich und läßt die Kraft im Inneren zu. Dies ist mein größtes Vermächtnis; es übersteigt alles, was ihr auf eurem Bankkonto habt und alles, was ihr dort gerne hättet. Wenn ihr danach strebt, das Königreich in euch makellos und mehr als alles andere zu umarmen und nach dieser Wahrheit lebt, auch wenn ihr von Feuer umgeben seid, dann rückt alles andere an die richtige Stelle.

Das ist dann der Augenblick, in dem ihr sagt: "Aber ich brauche immer noch Hilfe, und ich glaube nicht, das ich es alleine schaffen kann."

Ich weiß, viele von euch sind "verkrüppelt". Ihr wart es immer. Ihr seid die Gottlosen, die immer tot waren, weil ihr nie gelebt habt. Ihr seid gottlos, weil ihr den Gott in euch niemals erkannt habt. Und ihr habt nie gelebt, denn man lebt nicht wirklich, wenn man den inneren Gott nicht kennt.

Um zu überleben, seid ihr einfach nur in eurer Unwissenheit kreuz und quer herumgeklettert. Ihr habt versucht, bei Angst, Bedrohungen und Einschüchterungen einen kühlen Kopf zu bewahren. Gleichgültig in welchen Schwierigkeiten ihr auch steckt, ihr versucht immer, euch davon freizukaufen. Aber so könnt ihr sie nie überwinden, weil ihr in Wahrheit nie gelebt habt. Wenn man gottlos ist, kann man nur überleben, indem man sich festkrallt, Dinge zusammenkratzt, beißt, nörgelt, andere verachtet, tratscht und bösartig alles zerstört, was den eigenen Mangel widerspiegelt.

Der Reiche lebt in einem Turm mit goldenen Wänden, Perserteppichen und Tellern aus Gold. Seine Räume duften nach Lavendel und Rosenwasser, aromatische Düfte und Jasmin entspringen seinem Brunnen, während er Fasan, Fisch, Feigen, Früchte und viele andere wunderbare Dinge verzehrt. Und er sitzt da, und er ist dennoch unglücklich.

Und dann ist da der Mann, der nichts hat von alledem. Trocken Brot, Wasser und köstliches Fleisch sind für ihn ein Festmahl für besondere Tage. Er trägt grobes Leinen und hat so gut wie nie ein Bett zum Schlafen. Und dennoch, dort herrscht Freude. Und wenn er am Palast vorübergeht, beneidet er den Reichen nicht, noch verachtet er ihn, er liebt ihn als seinesgleichen. Und für ihn ist das Leben keine schreckliche Erfahrung des Überlebens, sondern für eine Gelegenheit, ein Lichtstrahl zu sein, der umarmt, umhüllt, liebt, frei und **lebendig** ist.

Ich kann die Rollen auch vertauschen; dann ist der Arme neidisch, verabscheuenswert, ein bösartiges Klatschmaul; und der Reiche erwacht freudig, und es wäre immer noch das **Gefühl**, das ihn lebendig macht. **Lebendigkeit** und **Freude** sind nicht das Ergebnis dessen, was ihr im materiellen Sinne besitzt.

Das Vermächtnis, das ich in den letzten zehn Jahren lehrte, hat sich nicht geändert. Denn das ist der Höhepunkt eines Lebens: das Erwachen aus dem Requiem des Schlafes in eine Messe des Verstehens. Denn das ist der Zenith eines Lebens: ein Leben, das aus einem Requiem des Schlafes in eine Messe des Verstehens erwacht.

Wenn ihr das, was ***in*** *euch ist, besitzt,*
ist es egal, was außen ist.

Wenn ich betrachte, wonach ihr strebt, indem ihr um finanzielle Freiheit bittet, halte ich euch für tapfer, mutig und sehr bewundernswert. Warum ich das sage? Weil jeder andere euch für den Wunsch nach Gold getadelt hat, und irgendwie versuchten sie diesen Tadel in das, was sie den Plan Gottes nennen, einzuordnen.

Diese Streitfrage um Gold und Gott beruht auf der gleichen Unwissenheit, die euch davon abhält, euer Vermächtnis zu umarmen. Ist Gott von der Schlechtigkeit des Menschen und von seiner finanziellen Gefährdung ausgenommen?

Alles ist Gott. Wie könnt ihr sagen, daß Gold nicht existiert? Wie könnt ihr sagen, daß es nicht gleichbedeutend mit Leben ist? Gold ist nur ein Kanal für Emotion. Und ein Austausch von dieser emotionalen Energie ist die Investition, die euch erlaubt weiterzukommen.

Wacht auf! Jene, die eure Welt regieren, regieren sie durch Geld, weil Geld gleich Macht ist. Ein Reicher ist auch mächtig, und er begehrt Reichtum, weil Reichtum ihm Macht gibt. Es ist Macht, wonach er strebt, und die Religion war der Bauer auf dem Schachbrett. Und die Kirchen gehören zu den Reichsten der Welt.

Jeder Krieg wurde wegen religöser Glaubenssätze gefochten. Welcher Gott wird gewinnen?

Das Volk, das ihr die Iren nennt, wurde zu meiner Zeit als Nordländer bezeichnet. Das war zu der Zeit, als die Sonne durchbrach und das Eis sich zurückzog. Die Iren schlachten Menschen ab und rechtfertigen es damit, daß es ein Glaubenskrieg sei. Aber es ist die Macht hinter den Glaubenssätzen, die all das in Gang setzte, um das System zu zerbrechen, um Kontrolle zu erlangen.

Wenn ihr die dunkle Seite des Goldes versteht, dann könnt ihr auch das Licht verstehen, das den Schatten vertreibt. Durch die Geschichte hindurch waren Gold, Macht und Religion eine üble Verbindung, weil sich jede Religion mit dem Blut jener befleckte, die sie eroberte, um sich zu etablieren.

Und das Gold, welches sie eroberten, liegt in Gewölben. Aber Gott, der das Leben ist, der die Intelligenz ist, für immer und ewig, ist das Leben, das Gold erschuf. Gold ist ein verdichteter Gedanke Gottes. Ebenso wie eure Dollars. Ebenso wie ihr selbst. Da ist kein Unterschied.

Unwissenheit hat den Menschen in einen kriecherischen Zustand von Abhängigkeit und Bedürftigkeit gezwungen. Und dort irgendwo habt ihr eine feine Grenze zwischen Gott, d.h. dem Spirituellen, und Gold, d.h. dem Geld, gezogen. Einige von euch denken wirklich, daß es eine Demarkationslinie zwischen Gold und Gott gibt. Und wenn ihr zu denen gehört, die so denken, dann seid ihr nicht nur Heuchler, sondern ihr schneidet euch ins eigene Fleisch, denn die Mächtigen horten das Gold im Namen Gottes.

Und der Politiker heuchelt, wenn er sagt, der Mensch sei, wenn er nach Gold strebt, schlecht, und wenn er nach Gott strebt, sei er göttlich; er lüstert doch selbst nach Gold, das ihm die Macht gibt, die Unwissenden zu regieren!

Nichts daran ist falsch; es ist einfach so, wie ihr es geschaffen habt.

Aber wer Gold verdammt, verdammt Gott. Denn woher stammt das Gold? Woraus ist es gemacht? Was gibt ihm Leben? Es ist nicht einmal das Gold an sich, sondern die Haltung, die hinter dem Gold steht, die es wertvoll machte. Gold ist nichts Unrechtes. Ihr müßt euch nur umschauen, dann bemerkt ihr, daß alles von Gott kommt, und der einzige, der diese Wirklichkeit kontrolliert, ist der Vater in euch.

Wenn alles Leben Gott ist, dann gilt das auch für euer Gold.

Und was wäre daran falsch? **Durch begrenztes Denken und die Haltung, die hinter dem Denken steht**, ist es falsch geworden. Und genau darüber werden wir in diesem Buch sprechen. Die Sätze "Du bist Gott" und "Der Vater ist in dir" habt ihr bereits gehört. Aber das hat bisher nichts für euch bewirkt, weil ihr immer noch die Hand ausstreckt und bittet, wollt und braucht. Ihr seid unglücklich, weil ihr nicht genug habt.

Wann habt ihr genug, um innerlich ausgefüllt zu sein? Ihr habt niemals genug.

Ihr seid zu bewundern, daß ihr dieses Thema angeht und weiterlest. Das sagt viel über euren Mut, eure Selbstsucht und eure Bedürfnisse. Und auch wenn ihr das größte aller Vermächtnisse nicht begreift und einfach nur etwas **wünscht**, dann ist das auch in Ordnung.

Früher oder später werdet ihr das größte Bedürfnis erkennen: Gott zu kennen. Die größte Notwendigkeit ist, Gott zu umarmen, Gott zu leben; bis ihr erkennt, daß **"Brauchen"** cinc Bcgrcnzung ist, und daß die Freiheit, in Harmonie mit allem Leben zu existieren, von innen kommt.

Ein Meister, der in den letzten Tagen vor dem Christus-Sein steht, hinterläßt keine Spuren. Aber im Augenblick sind mit dem vielen Gold, das ihr um euren Hals tragt und in euren Geldbeuteln und Brieftaschen, eure Spuren sehr tief.

Es ist wichtig, daß ihr über das nachdenkt, was ich sage. Alles, was ich sage wird, wenn ihr darüber nachdenkt, einen Traum erfüllen, den ihr habt. Denn Wissen ist Erleuchtung und nicht ein Ritual; und Erleuchtung heißt: **Wissen haben.**

Woran erkennt ihr Wahrheit? Wenn sie an euren Kisten rüttelt.

Wenn ihr mich in einem Moment verachtet, weil eine schmerzhafte Wahrheit in dem lag, was ich sagte, und ihr mich in nächsten

Augenblick liebt, weil ihr etwas gelesen habt, was euch beflügelte, und ihr wolltet, daß es wahr ist.

So erkennt man Wahrheit.
Man ***reagiert*** *darauf.*

Einige von euch haben seit Jahren gehört, daß Gott, der Vater, und das Königreich in euch liegen, aber ihr begreift es immer noch nicht. Und auch das ist in Ordnung. Denn früher oder später gelangt ihr dorthin.

Ich gebe euch eine sehr einfache und tiefgründige Wahrheit.

Ein unerfüllter Traum ist eine Begrenzung für das Christus-Sein.

Denkt über euch nach. Ihr habt all diese Illusionen, all diese Träume von Dingen, die ihr machen und haben wollt. Ihr wollt euch wichtig fühlen. Ihr wollt euch sicher fühlen. Ihr wollt euch wunderbar fühlen. Eure Wunschliste reicht von einem Gesichtslifting bis hin zu dem Haus eurer Träume und dem Wunsch, das ganze Land zu besitzen. Ihr wollt einen Vierjahresvorrat an Nahrung und daß die Ausbildung eurer Kinder bezahlt wird. Ihr wollt alles, was nur möglich ist, aufbewahren, so daß ihr euch zurücklehnen, Keckse knabbern, Marmelade naschen, in den Zähnen herumstochern, den Sonnenuntergang betrachten und "Halleluja" rufen könnt.

All das sind Schichten um den Kern eines Traumes. Und ihr denkt, Geld ist der Kern eurer Wünsche. Und das habt ihr gemeinsam mit jedem anderen, der dieses Buch liest. Das ist euer kollektives Bewußtsein. Ihr denkt, Geld sei die Antwort auf all eure Gebete. Einige von euch würden sogar mit Geld für ein oder zwei Tage Liebe kaufen.

In eurem Bewußtsein ist der Traum, kein Geld zu haben, eine Begrenzung.

Das ist begrenzter Gedanke. Solange dieser Gedanke in euch ist, werdet ihr nie ein Christus. Und Christus zu werden, ist die heldenhafte Bestimmung des Menschen.

"Es ist wie die Welt; und all ihre Möglichkeiten liegen da und warten darauf, daß wir sie ..."

"Ja?"

"'Erschaffen', sie zum Leben erwecken."

"Was läßt uns gewisse Wirklichkeiten erschaffen und andere nicht?" fragte Valerie.

Ich überdachte die Antwort, bevor ich sprach.

"Ich bin nicht sicher. Aber ich denke, es hat etwas damit zu tun, wovon ein Mensch ***glaubt****, daß es wahr sei....wirklich sei."*

"Ich denke, ein Mensch sieht oder 'erschafft' das, woran er glaubt. Ich meine, woran er ***wirklich*** *glaubt, und nicht das, wovon er nur* ***wünscht****, daß es wahr sei. Viele Menschen wünschen sich, reich zu sein. Die Menschen aber, die wirklich glauben, reich zu sein, sind reich."*

Trick of the Light

Requiem für einen Träumer

Merkt ihr nicht, daß ihr euch das Schicksal, das vor euch liegt erschafft? Wißt ihr nicht, daß die Dinge, nach denen es euch gelüstet, um die ihr andere beneidet, die ihr wollt, braucht, von denen ihr träumt, an die ihr denkt, unerfülltes Schicksal sind? Und wißt ihr nicht, daß ihr nur dann, wenn ihr dieses Schicksal erfüllt habt, frei von ihm seid?

Eine Manifestation vor euren Augen ist kein Wunder der Manifestation. Sie ist ein Wunder der Erleichterung!

Denn nur, wenn der Traum verwirklicht worden ist, frißt er nicht länger an euch. Nur wenn er verwirklicht ist, besitzt er euch nicht länger. Der Augenblick, in dem er sich in der materiellen Welt manifestiert, ist der Augenblick, indem er euch freigibt. Dann ist er 'frei zum Verkauf'.

"All diese Jahre" habe ich euch gelehrt, daß der Weg in das Königreich des Himmels der INNERE WEG ist. Weg der FREUDE wird er genannt.

Ihr könnt den ganzen Tag wie dusselige Dummköpfe lachend herumlaufen und dabei "In der Tat, in der Tat, in der Tat! Ich bin Gott! Ich bin Gott!" sagen, aber dadurch entkommt ihr nicht euren Träumen, die immer noch in euren Herzen leben, auch wenn ihr versucht, sie nicht zu beachten.

Ihr könnt unerfüllte Träume nicht ignorieren. Der Versuch, unerfüllte Träume durch intellektuelles, aber nicht zueigen gemachtes spirituelles Dogma zu ignorieren, wird scheinheilige Heuchelei genannt. Niemand hat jemals wirklich begriffen, was ich ihm gesagt habe. Niemand hat verstanden, was ein “Bote” bedeutet. Freude! Wie sieht der Weg aus? Vielleicht habe ich zu viele “In der Tat, so sei es’!” gebraucht.

Ich werde es nun aufklären.

Der Weg heißt **Eigenfreude.** Das habt ihr euch jedoch nicht wirklich angesehen. Stattdessen seid ihr auf den Weg eines anderen gehüpft. Ihr seid im großen und ganzen alle ‘Wege-Springer’, ‘Guru-Hüpfer’, ‘Lehrer-Anhänger’.

Und ihr werdet niemals lernen; nicht bis ihr nach innen ***schaut*** *und* ***wißt.***

Der Weg in das Königreich des Himmels liegt in euch und heißt **Freude**. Lest nun aufmerksam weiter, es ist wichtig. Wir sprechen darüber, wie eurer Schicksal hier, auf dieser Ebene erschaffen wird.

Wenn ihr eure äußersten Träume von Begrenzung zur Erfüllung in eure Seele aufnehmt,werden sie sich vor euren Augen manifestieren. Was in der Seele mit Gefühl ‘umarmt’ wird, wird sich vor euren Augen manifestieren.

Dies wird Schicksal genannt. Und auf dieser Ebene wird das Schicksal von Zeit, Raum, Entfernung und der Geschwindigkeit des Lebens beherrscht. Ihr lebt in einem Zeitfluß.

Euer Geist *(mind)* ist in der Zukunft. Eure Gefühle sind im Jetzt. Und euer Körper ist in der Vergangenheit. So lebt ihr!

Nun, werfen wir einen Blick auf die äußeren Schichten eures Lebens und wie ihr mit ihnen umgeht. Was sind sie? Hier ist ein Beispiel. Ihr sagt: “Ich möchte mir die Haare abschneiden, aber das kann ich nicht machen, weil mein Freund meine Haare anbetet; aber ich hasse sie. Und wenn ich diesen von Gott gegebenen krönenden Schmuck abschneide, bin ich nicht nur ein Sünder, sondern mein Mann/Freund könnte eine andere finden." Und so wascht und kämmt und bürstet ihr aufgeregt das Haar.

Was für ein Traum ist das?

Der Traum, der hinter der ursprünglichen Aussage steht, ist: "Ich möchte das Haar lossein." Und was euch zurückhält, ist: "Ich habe Angst, nicht mehr geliebt zu werden, wenn ich mache, was ich will, statt das zu tun, was ein anderer von mir will." Folglich verbleibt der ursprüngliche Traum in der Seele - **unverwirklicht**. Versteht ihr das?

Und was ist mit dem Künstler, der fähig ist, mit seinem großen, schöpferischen Genius zu arbeiten? Er weiß genau, wenn er die Chance hätte, könnte der Genius in ihm noch viel mehr erschaffen. Aber er hat Angst, seinen Genius zu zeigen, denn das würde seine Stellung bedrohen. Ich glaube, ihr nennt das "Politik". Also lebt er stattdessen mit einem ungenutzten, schlummernden Talent. Seht ihr? Schließlich darf man keine Wellen verursachen. Bringt bloß nichts durcheinander!

Und dann gibt es da eine Frau, die mit ihrem Mann lebt, aber in ihrem Herzen empfindet sie keine Leidenschaft. Im geheimen wünscht sie sich, frei zu sein, zu gehen und zu kommen, wie es ihr gefallt, zu essen, wann sie möchte, und eher auf Wunsch als auf Befehl bei ihm zu liegen. Aber sie erfüllt sich ihren Wunsch nicht, weil ihr Mann sie versorgt. Was würden die Kinder sagen, wenn sie fortginge? Was würde mit ihr geschehen? Sie denkt, fortzugehen würde nicht das Schuldgefühl aufwiegen, welches sie empfinden würde. Folglich wird sie eine unterdrückte, alte Frau.

Unerfüllte Träume.

Ihr werdet niemals der 'Herr und Gott eures Seins', solange ihr an eurem Unglücklichsein festhaltet.

Ich sehe, daß viele von euch davon träumen, eigene Ideen zu haben, ein erfüllter und kreativer Mensch zu sein, erfinderisch zu sein, da draußen eine eigene Erfindung zu haben, die von der Welt anerkannt wird. Aber der Traum wird durch den Mangel an Gold gehemmt. Also kehrt ihr zu euren geregelten Arbeitszeiten zurück und haltet euch für ein verkanntes Genie, während der Traum über euren Köpfen schwebt.

Und dann gibt es noch jene, die wirklich unglücklich sein wollen. Ihr wollt wirklich erbärmlich, elend und jämmerlich sein, genauso wie eure Fantasien es sind: verwerflich und bigott. Ihr wollt wirklich all das sein, aber ihr traut euch nicht, so zu sein, denn "Um Himmelswillen! Was würden die Leute denken? Hans Dampf unglücklich?" Also versteckt ihr auch eure innersten Gefühle. Und ihr setzt ein Lächeln auf; und ihr reinigt die Fingernägel und rasiert euch die Haare aus dem Gesicht, und ihr werdet Heuchler. Ihr wollt unglücklich sein, aber niemand sagt, daß es in Ordnung ist. In eurer Kultur ist das ein Verbot. "Sei glücklich! Be happy!"

Es gibt viele Gefühle, über die man in eurer Kultur nicht spricht. Was meint ihr, warum es euren Psychologen so gut geht? Weil die 'Unaussprechlichen' zu jemandem gehen müssen, der mit ihnen spricht! Und nach jahrelangem Wiederaufwärmen seid ihr immer noch nicht glücklich. Wißt ihr warum? Weil die Psychologen euch nie gesagt haben: "Ist in Ordnung. Geh und fühl dich jämmerlich."

Und dann sind da noch diejenigen, die glücklich sein wollen, aber ihr klammert euch an all den Gründen fest, wieso ihr es nicht seid. Ihr wollt dünn sein, aber ihr futtert euch jedesmal um den Verstand, wenn ihr daran denkt. Ihr wollt schön sein, aber bei jedem Blick in den Spiegel haßt ihr das, was ihr seht. Ihr wollt lachen und fröhlich sein, aber das ist vulgär.

Das ist die Dualität. Ihr wollt es, aber ihr denkt, ihr verdient es nicht.

Ihr lebt in einer Dualität. Und damit hängen unerfüllte Träume und Wünsche in eurer Seele als Verwirrung herum. Und unvermeidlich steigert ihr euch hinein; so ist es bei den meisten von euch. Ihr lauft Amok, um jemanden in eurem Leben zu finden, der euch Balance und einen Sinn gibt. Ihr braucht und wollt jemanden, mit dem ihr euer Elend teilen könnt, der die Hauptlast der Verwirrung und Verletzung tragen kann. Ihr wollt jemanden, der diese psychotische Haltung erträgt und immer noch dasitzt, euch anlächelt und liebevoll zu euch sagt: "Du bist wundervoll! Wundervoll! Wundervoll!"

'Jemand anderem die Schuld geben', nennt man das.

Es gibt noch viel mehr Beispiele, die ich geben könnte, Beispiele eurer unerfüllten Träume, die über euch schweben.

Ich hoffe, ihr wißt nunmehr, daß ich nicht über eure nächtlichen Träume spreche, in denen Ritter durch klare Wasser galoppieren und über nichtendenwollende Felder, mit Mohn und Gänseblümchen bedeckt, um eine Frau zu finden, deren Haar über den Boden gleitet und deren Gürtel locker ist. Ich rede nicht von dieser Sorte Träume!

Ich spreche von den Träumen, deren Erfüllung unterdrückt wurde, wie auch immer sie sein mögen.

Freude wird nicht durch eure Gesetze definiert. Freude geht über die Gesetze hinaus. Was ihr verloren habt, ist Freude. Ihr führt ein "ordentliches Leben", wie es in eurer Gesellschaft heißt, aber ihr habt mehr Verbrechen, Brutalität, Vergewaltigung, Krieg und heimliche Laster als jemals zuvor.

Und dann gibt es den Soldaten, der seine Zunge dazu benutzt, die Unschuld eines anderen zu zerstören. Und dennoch wird eure Gesellschaft modern, christlich und gottesfürchtig genannt. Einige dieser Götter solltet ihr lieber fürchten!

Freude entsteht aus Erleichterung, wenn das
Unterdrückte vergeht. Freude erlaubt euch,
*die **Grenze zu überschreiten**, das zu sein,*
was ihr sein wollt.
Es dauert nur einen Augenblick,
um den Ort zu erreichen,
an dem der Traum euch losläßt.

Und es ist Freude, die in jenem Moment der Befreiung entsteht. Ich sagte einmal: "Ich werde eure Türen öffnen und eure Schränke, die Seelen mit etwas reinigen, was scheint und glänzt: mit Freude."

Der Mangel an Freude ist der Grund dafür, daß ihr in Dunkelheit und Schmutz herumnörgelt, daß ihr ein jämmerliches Leben führt, denn die Träume, die ihr in euren Schränken verstaut habt, sollten eigentlich der Katalysator für Erfahrung sein, aus der sich Freude ergibt.

"Ihr lebt mit eurem Gehirn und nicht mit euren Sinnen.
Eure ungetrübten und nicht mißbrauchten Sinne
sind der Kompaß eurer Seele.
Ihr lebt in der Vergangenheit und seht das,
was ihr sehen wollt.
Ihr seht die Welt mit toten Augen."

Trick of the Light

Ein Christus sein, heißt, das zu leben, was du bist

Was ist Realität?

Was liegt vor euch und quält eure Sinne? Ihr wißt schon: Fühlen, Tasten, Riechen.

Emotion ist die wahre Kraft, die Verdichtung einer Manifestation; sie schmückt die Sinne. Das ist Realität. Ohne Emotion existieren keine Sinne; ohne Emotion existiert überhaupt nichts.

Ihr möchtet Geld. Ihr wollt es in rauhen Mengen. Aber weder könnt ihr es in Unmengen besitzen, noch könnt ihr diese Ebene als glücklicher Mensch verlassen, solange ihr nicht wenigstens erkannt habt, was euch blockiert.

Kennt ihr die Bedeutung von '**Blockiertsein**'? Eine Blockierung ensteht, wenn das, was ihr ersehnt, nicht eintrifft. Und ihr sagt: "Ich bin blockiert." Warum seid ihr blockiert? Weil da ein Traum wartet, der Traum eines möglichen Abenteuers, ein Traum, den ihr nicht angenommen habt.

Was glaubt ihr, warum ich Yeshua Ben Josef einen edlen Christus nenne? Was steckt in dem Wort? Erhaben und rechtschaffen. Von edler Gesinnung. Was heißt das? Die Eigenschaft eines Christus ist, nicht das zu unterdrücken, was man ist. Es bedeutet, das auszuleben, was ihr seid, bis es euch losläßt. Je mehr Träume ihr verwirklicht umso mehr "Leerstand" schafft ihr in euch; nur dann ist Raum, das Licht zu sehen.

Ein Wesen von edler Gesinnung ist jemand, der all seine Begrenzungen durchlebt hat, d.h. all seine Träume. Und wenn alle Träume verschwunden sind, das ist dann der Augenblick, in dem er zum Christus wird. Und wohin er seinen Fuß auch setzt, er hinterläßt keine Spuren, denn es gibt nichts mehr, was er hinter sich läßt. Alles gab ihn frei. Versteht ihr? Wenn ihr das nicht versteht, dann rennt ihr mit ausgestreckten Händen zu vielen Lehrern und hofft, daß ihr heute euren guten Tag habt, oder was man sonst braucht, um an diesem Tag gesegnet zu sein; und ihr werdet schwer enttäuscht sein.

Ihr scheint durch jene gequält zu werden, die anscheinend alles in Hülle und Fülle haben. Ja, ihr werft euch sogar vor ihnen nieder! Wißt ihr nicht, daß **alles** euch zu eigen ist? Es ist keineswegs so, daß nur einige besondere Wesen hierher kamen, hier lebten und dann wieder zum Leben erweckt wurden. Vielmehr haben sie verstanden, daß der Weg nach Hause und der Weg in das großartigste aller Königreiche nur durch den inneren Gott führt. Das ist der Pfad, der die Macht eröffnet, alles zu werden.

Was glaubt ihr, warum ging Yeshua Ben Josef, der Christus, in die Wüste und ließ sich vierzig Tage lang von Satan versuchen? Wer war Satan? Der Satan, der Christus in Versuchung führte, war sein verändertes Ego. Und was war die Versuchung? Mächtig genug zu sein, um die Welt zu regieren. In jenen Tagen, in der Wüste, lagen Yeshua die Städte Persiens, lagen Rom und Äthiopien vor seinen Augen. Er erblickte Mesopotamien, die Alten Hethiter und die beeindruckenden Ägypter. Jedes Königreich erschien ihm, denn das lag als Erfahrung vor ihm.

Der innere Satan ist das veränderte Ego mit seinen Bedürnissen.

Christus sah sie alle, und jedes einzelne von ihnen nahm er in sich auf. Er sah, fühlte und schmeckte sie. Er war sie. Und nach vierzig Tagen ließen sie ihn los. Was war der Traum? Versuchung. Was ist Versuchung? Versuchung ist ein unterdrückter Traum. Wenn ihr eure Träume verwirklicht habt, wenn ihr ihnen ins Gesicht geblickt, sie angenommen habt, erst dann sind sie keine Versuchung mehr. Und nur dann befinden sich keine Blockierungen mehr in euch.

Was bedeutet es, dem zu vergeben, den ihr einen Sünder nennt? Man muß verstehen, daß es Begrenzungen und Träume gibt, die man besessen haben muß, damit man von ihnen frei wird. Versteht ihr? Warum war dies für Yeshua Ben Joseph notwendig? Weil ohne das, ihr Meister, er nicht das hätte sein können, was er mehr als alles andere ersehnte zu sein. Und sein Königreich war nicht von dieser Welt.

Nun, was ist der Unterschied zwischen ihm und euch?

Nur die Motivation. Lieber regt ihr euch unnötig auf, schimpft, diskutiert, jagt eurem eigenen Schatten hinterher und seid todunglücklich, als einen Augenblick damit zu verbringen, das anzuerkennen, was ihr seid. Der Grund hierfür liegt in eurer mangelnden Motivation, Freude zu finden.

Nun, was hat das mit den Finanzen zu tun? Alles. Jeder, der dieses Buch liest, hat einen zwanghaften Traum nach Gold. Würde ich euch ein Geschenk machen, das glänzt, schimmert und wunderschön ist, fiele es in eine boshafte, unglückliche und elende Hand; und die Energie dieser Hand bereits verändert die Kraft.

Türen können sich durch günstige Gelegenheiten öffnen, aber was bringt euch dazu, den Hintern hochzukriegen und durch die Tür hindurchzugehen? Ihr sitzt lieber rum und jammert und heult, weil nichts passiert.

Nun, ich habe Wunderbares vollbracht. Aber ich weiß bereits, daß ich keine Spuren hinterlasse. Ich werde euch die Macht des Wissens und für eure Motivation einen starken Wind in eurem Rücken geben. Allerdings könnt nur ihr dies dem **Selbst** zuwenden und euren Träumen ins Gesicht sehen. Ich kann euch nicht dazu zwingen. Es gibt viele Menschen auf der Welt , die weder von eurer Regierung noch von der Welt im allgemeinen eine Ahnung haben. Sie laufen hinterher und jammern. Es gibt Leute, die aufgrund ihrer eigenen Unwissenheit vollständig von anderen abhängen, wenn es um Entscheidungen für ihr eigenes Leben geht. Sie haben keinerlei Antrieb. Sie sind vielmehr ein 'Schluck Wasser'. Sie warten auf einen, der sie antreibt und sie zum nächsten Punkt in ihrem Leben bringt.

Nun, was will ich damit sagen? Einzig, daß viele Menschen von anderen erwarten, daß sie alles für sie tun. Daraus folgt: **sie** werden es nie wissen. In einem anderen Leben müssen sie zurückkehren, um sich mit ihren Träumen, die ihre Begrenzungen sind, zu befassen.

Jeder von euch, der dies hier liest, hat Träume, die in seiner Seele hängen. Wieso konntet ihr das Licht nicht sehen? Wieso hattet ihr keine Vision? Warum konntet ihr euch nicht selbst heilen? Was ist mit all jenen mythologischen Wundern, von denen ihr hört, die großartige Meister an weitentfernten Orten vollbringen? Sie existieren. Wieso könnt ihr diese Wunder nicht vollbringen? Weil ihr einen größeren Sprung von **ganz da draußen** geradewegs in das Licht **hinein** machen wollt. Und wißt ihr, was ich noch an eurem Verhalten bemerkt habe? Wenn ihr das Licht nicht seht, werdet ihr schwören, ihr hättet es gesehen, um vor euren Freunden gut dazu stehen.

Ihr wollt jeden Traum übergehen, um dorthin zu gelangen. Wißt ihr was geschehen ist, ihr illusionären Wesenheiten, deren Fantasien in Wahrheit Ekstasen sind? Ich habe nun für euch noch einen Traum erschaffen - Heimkehr, Erleuchtung. Und jetzt habt ihr diesen Traum vor all eure alten Träume gestellt, und ihr sitzt fest, mehr als jemals zuvor! Ihr müßt über all das hinaus kommen und zu der rauhen Wirklichkeit zurückkehren, das heißt, ihr müßt euch euren ursprünglichen Träumen stellen.

Also, machen wir uns am besten an die Arbeit.

Der erste Bote, den ihr treffen werdet, nachdem ihr mit diesem Material gearbeitet habt, ist für diejenigen unter euch bestimmt, die sich ihrer Begrenzungen nicht bewußt sind.

Nun, gebt acht! Wenn ich Begrenzungen sage, meine ich nicht die Art von Einschränkungen, die man hat, wenn einem die Hände gefesselt sind und dadurch die Bewegungsfreiheit begrenzt ist. Ich spreche von der Begrenzung, die durch eine 'Überbuchung' eurer Seele durch Wünsche, Träume und Fixierungen entstand; in einem solchen Ausmaß, daß ihr nicht wißt, wo ihr beginnen sollt, um das alles zu entwirren. Ihr werdet bald einem Menschen begegnen, der es euch erlaubt, euren ersten unerfüllten Traum deutlich zu sehen. Dann wißt ihr, was die erste Begrenzung ist.

Die Erfahrung dieser Begegnung ist in drei Teile unterteilt.

Diese Erfahrung ist für jene bestimmt, die ihre erste Begrenzung aus den Augen verloren haben. (Ihr werdet also drei Boten begegnen, die alle Teil derselben Erfahrung sind.)

Der erste Person wird euren unerfüllten Traum verkörpern. Dieser Mensch wird sehr protzig sein. Er prahlt damit, was er im Leben zustande gebracht hat. Er prahlt damit, daß er seinen Traum erfüllt hat, er prahlt mit seinem Reichtum, wieviel Essen er hat, wieviel Land er kaufen wird. Er prahlt mit alldem, was euch gegen den Strich geht. Es ist nicht möglich, daß euch dieser Mensch entgeht. Es wird vollkommen klar sein.

Der zweite Aspekt dieser Erfahrung wird eine Einladung von dieser Person sein, sich ihr anzuschließen. Wenn ich "anschließen" sage, meine ich, daß sie sagen wird: "Komm mit! Und hab 'ne tolle Zeit auf meiner Wahnsinnsyacht." Mit anderen Worten, es wird sich eine Tür öffnen, die euch die Möglichkeit gibt, euren Traum zu erfahren.

Damit der nächste Aspekt aus dieser Folge eintreten kann, müßt ihr mit dem Menschen, den ihr getroffen habt, bis an die Tür mitgegangen sein. Daraufhin trefft ihr eine Person, eine Art Portier, der sie öffnen hilft.

Es gibt einen Haken. Ihr müßt es umarmen und annehmen. Übrigens, wißt ihr, was "umarmen" ist? Einige von euch nennen es "Neid".

Ihr kennt diese Gefühle: Neid und Eifersucht. "Also, dieser So-und-so, was denkt der eigentlich, wer er ist?" Und im Grunde genommen sagt ihr: "ICH BIN, und er hat all das, was ich haben will."

Ihr müßt euch auf ein kleines Abenteuer begeben, um diesen Traum zu erfüllen. Ich helfe euch nur bei seiner Verwirklichung.

Nun, wohin führt das diejenigen von euch, die sagen. "Gib es mir! Gib es mir einfach, und halt den Mund!" Ich weiß, wie ihr denkt, und ich habe eine kleine, spezielle Erfahrung für euch. Ihr bekommt genau das, was ihr wollt. Und erst wenn ihr merkt, daß es euch nicht glücklich macht, wenn ihr das bekommt, von dem ihr gedacht habt, ihr wolltet es, werdet ihr mit einer anderen Erfahrung der Verwirklichung eines Traumes beginnen.

Wenn ihr den Genius aufschließt und dadurch werdet, was ihr seid, dann entsteht finanzielle Freiheit.

Jedes Wesen, das Gold errang, errang es durch jene seltene Eigenschaft, die gesunder Menschenverstand genannt wird. Ich nenne das den Genius. Und der Genius führt zu Gott zurück.

Wonach sucht ihr? Ich kann euch helfen, das zu finden, wonach ihr sucht. Aber ich kann euch nicht dazu bringen durchzuhalten. Sagt mir, wieviel Gold ihr wollt, und ich werde euch sagen, daß diese Ziffer nie ausreichen wird. Ihr werdet immer mehr wollen.

Euch zu lehren, wie man manifestiert, ist Teil dessen, was wir hier machen werden. Aber ihr könnt mit dem Manifestieren nicht eher beginnen, als ihr erkannt habt, warum es euch nicht gelingt, Dinge sofort geschehen zu lassen. Diese ersten Boten sollen euch helfen, in Gang zu kommen. Danach weht eine "steife Briese", denn das bedeutet, daß ihr die Verantwortung für das Licht, das in euch verborgen ist, übernehmen müßt. Die Verwirklichung all eurer Träume ist unabdingbar, um das, was ihr wollt, zu erhalten.

" 'Ich gab dir zwanzig nicht verwertbare Scheine, und plötzlich warst du glücklich.'
'So?'
'Was machte dich glücklich?'
'Die zwanzig Riesen.'
'Aber die zwanzig Riesen existierten in Wirklichkeit nie.'
'Aber ich war veranlaßt, es zu glauben.'
'Trotzdem. Obwohl sie eigentlich nicht existierten, warst du dennoch glücklich.'
'Weil ich dachte, sie seien echt.'
'Was hat dich denn nun **wirklich** *glücklich gemacht, Nick?' sagte Sam und unterbrach mich.*
Dann entschlüpfte es mir einfach: 'Ich selbst war es.' Das Falschgeld hatte seinen realen Wert die ganze Zeit hindurch behalten. Allein dadurch, daß ich es in Händen hielt, entwarf ich in meinem Kopf alle möglichen Szenen, die mir Vergnügen und Wohlbefinden bereiteten. Ich weiß, es ist vielleicht schwer zu schlucken, aber plötzlich hatte ich ein völlig anderes Verhältnis zu Geld."

Trick of the Light

Wenn jeder eurer Träume auf Geld basiert, dann macht euch auf ein böses Erwachen gefaßt

Ich werde euch lehren, wie ihr vom Herrn und Gott eures Seins manifestiert - nicht das Gold, sondern die Träume. Und wenn ihr das Wissen, das ihr bisher erlangt habt, nehmt und diese Wahrheit buchstabengetreu lebt, und eurem engen Geist (*mind*) erlaubt, sich eine Winzigkeit zu öffnen, werdet ihr verstehen. Es wird sehr deutlich sein, und ihr werdet jeden Traum **verwirklichen**, den ihr hattet, als ihr anfingt, dieses Buch zu lesen.

Jeder verwirklichte Traum läßt euch los, und ihr könnt heimkehren in ein Königreich, das jenseits aller Worte liegt.

Mit anderen Worten, nicht durch Gold geschieht es, sondern durch reine Liebe.

Wißt ihr, was das Wort "Einstellung" bedeutet? Mal sehen, ihr könnt eine gute Einstellung haben, eine schlechte Einstellung, eine positive Einstellung, eine Penner-Einstellung. Die Einsicht, daß ihr Gott seid, wird unter den Träumen begraben. Aber was gab den Träumen zunächst Glaubwürdigkeit? Was gab dem Gold die Glaubwürdigkeit? Der Vater in euch. Also habt ihr jedes einzelne dieser kleinen Dinge, die da herumhängen, geschaffen. Aber durch welche

Haltung habt ihr sie erschaffen? Durch welches Wissen?

Es gibt etwas, das ihr über die Männer wissen müßt, die die Religion benutzen, um Kontrolle zu erlangen. In Wirklichkeit wollen sie Macht. Und wenn ich von Menschen spreche, die Gold anhäufen, dann wollen auch sie in Wirklichkeit Macht. Sie alle wollen Macht erringen, um letztendlich das Schicksal des Menschen zu kontrollieren. Und diese mächtigen Leute verachten euch, weil ihr für sie der Pöbel auf den Märkten seid. Ihr existiert nur, um manipuliert und bearbeitet zu werden.

Wieso besteht diese Einstellung? Weil sie den Wunsch hat zu existieren. Schließlich sind diese Leute genauso Götter wie ihr es seid, und es ist ihr Traum, mächtig zu sein und Kontrolle zu haben. Versteht ihr? Es ist notwendig, das zu lernen.

Ich weiß, viele von euch, die das hier lesen, denken: "So bin ich nicht. Ich bin nicht hinter Kontrolle her. Ich will nur einen Job, der besser bezahlt wird." Ihr haltet niemanden zum Narren. Ihr versucht nur, das Bild sauberzuhalten. Die Einstellung zeigt die Wahrheit.

Laßt uns mal eure Einstellung zu Gold und Dollars betrachten. (Übrigens, wenn ich zwischen Gold und Dollars zu wählen hätte, würde ich Gold empfehlen.)

Wie soll ich euch beibringen, daß es bei weitem besser ist, den Wunsch nach Gold durch den Wunsch nach Genialität zu ersetzen? Wißt ihr nicht, daß der Geist alles erschafft? Und ihr denkt: "Eine prima Lehre ist das, Ramtha, aber ich glaube nicht, daß sie zu meinen Träumen gehört." Ich sage euch das aus einem bestimmten Grund.

Wenn jeder eurer Träume auf Geld und dem Aktienmarkt basiert, dann macht euch auf ein böses Erwachen gefaßt. Könnt ihr mir folgen? Rennt nicht zur Tür hinaus und verkauft eure Aktien. Hört zu, was ich sage. Ich sage, daß ihr auf wackeligen Füßen steht, wenn eure Zukunft und all eure Träume vom Aktienmarkt und von euren Investitionen abhängen.

Und wenn ihr darüber murrt, was ihr für eure Nahrungsmittel anlegen müßt: eines Tages werdet ihr euch hinsetzen und den Boden, auf dem ihr sitzt, küssen, weil Geld (eine Ware an sich), welches durch Träume gedeckt ist, fehlbar für die Menschen wird, die es kontrollieren.

Es ist nicht euer Geld. Es ist im Besitz der Bundesnotenbank

(*Amerik.:* Federal Reserve). Und ihr habt geglaubt, daß sie eurer Regierung gehört? Die Bundesnotenbank ist seit Napoleons Zeiten im Besitz der mächtigsten Familien. Und sie denken nicht daran, sie aufzugeben.

Mein Wunsch ist es, euch zu bilden; hier ist es also. Euer Papiergeld gehört den Menschen, die es geschaffen haben. Eure Regierung gehört jemandem. Die Weltbankiers besitzen jede Regierung, mit Ausnahme von Indien. Wußtet ihr das nicht? Seid ihr schockiert? Wenn ihr euch dessen einmal bewußt seid, könnt ihr beginnen, das einzuschätzen, was ihr wirklich wollt.

Ihr müßt einen Traum auswählen, der nicht so leicht fehlschlägt. Ihr müßt einen Traum haben, der verwirklicht werden kann; einen Traum, der abgesichert ist, so daß er realisiert werden, euch loslassen kann, und ihr zur nächsten Verwirklichung voranschreiten könnt. Ein verwirklichter Traum ist ein Traum, der sich selbst stützen kann. Wenn er Wirklichkeit wurde, gibt er euch auf, so daß ihr zur nächsten Verwirklichung weitergehen könnt. Das ist das Muster des Lebens und der Weg nach Hause.

Wenn der Reiche von seinem Turm herabsteigt, wird er nicht länger davon besessen. Wenn der Arme seine Lumpen aufgibt und zum Turm geht, besitzen ihn die Lumpen nicht länger. Er ist für die nächste Ebene des Verstehens bereit. Wenn ihr behauptet, eine spirituelle Wesenheit zu sein, müßt ihr den Nerv haben, zu sagen, daß alles Geist (*spirit*) ist.

Wenn ihr behauptet, eine spirituelle Wesenheit zu sein, dann müßt ihr die Gehirnmasse haben, um zu erkennen, daß jeder andere da draußen auch Gott ist! Und daß jeder sein eigenes Schicksal erschafft. Jeder entwarf sein Schicksal so, wie er es haben wollte. Auf eurem wunderbaren smaragdgrünem Globus sitzen Regierungen und internationale Mächte wie Spieler auf einem Schachbrett. Und wer die Fäden zieht, dem gehört das Geld. Eure Regierung zieht nicht aus edler Gesinnung in den Krieg. Sie zieht in den Krieg, weil es ein gutes Geschäft ist.

Öffnet euch hier oben. Aktiviert euer Gehirn und verlangt, einen größeren Gedanken zu empfangen, der euch eure eigenen Begrenzungen verstehen hilft; selbstverständlich sind Begrenzungen und Träume dasselbe. Es ist Blödsinn zu sagen: " ICH BIN der Herr und Gott meines

Seins, und ich möchte nichts anderes wissen." Es ist absurd, wenn ihr sagt: "Mein höheres und mein niedrigeres Selbst stehen nicht in Einklang." Das ist ein Abschreckungsmittel für die Realität. Indem ihr mit euch selbst diskutiert, werden euch eure Träume nicht bewußt. Das bringt euch nicht eurem unbegrenztem Selbst näher - wo ihr sein solltet.

Denkt lange und ausführlich über diese Information nach. Es ist reine Vernunft. Reines Wissen (*knowingness*). Und es ist sehr einfach, dieses Verständnis zu erlangen, wenn ihr euch gestattet, über euren begrenzten Verstand hinauszugehen, und es annehmt.

Anstatt daß Geld der Kern eurer Träume ist, ist der Wunsch, das zu manifestieren, was mit Geld gekauft werden kann, bei weitem schlauer als der Wunsch nach dem Geld, um es zu kaufen, außer für diejenigen unter euch, die ihre Wünsche um den Hals tragen möchten. Dann ist euer Wunsch dreifach erfüllt. Das Gold ist in den kommenden Tagen brauchbar, es ist ein manifestierter Traum, und es glänzt.

Dieser Affenverstand, mit dem ihr lebt - euer verändertes Selbst/gesellschaftliches Bewußtsein - , hat euch für das Geschäft, Reichtum zu erlangen, programmiert. Für euch bedeutet Reichtum die Anhäufung von Geld und Besitz. Aber Besitz ist nur dann gut, wenn er im Endeffekt liquide gemacht werden kann.

Nun, als Gold aufhörte, das Papiergeld zu decken, wurde das Bewußtsein des veränderten Egos davon beeinflußt. Es ist reine Logik. Kehrt zu der großartigsten aller Lehren zurück: du bist Gott.

Du bist Gott !

Das heißt, alles vom ICH BIN ist GOTT. Für immer. Auf immer und ewig. Wenn ihr das einmal umarmt habt und es **wißt,** wenn ihr einfach das wünscht, was ihr wollt, ohne Geld, dann werdet ihr es erhalten. Im Handumdrehen!

Warum rate ich euch, die Dinge, die ihr haben wollt, zu wünschen und nicht das Geld, um sie zu kaufen? Weil ihr armutbewußte Leute seid. Ihr habt nie genug Geld.

Worüber streitet ihr euch - du und dein Partner? Worüber meckert ihr mit euren Kindern? Sie geben zuviel aus. Alles dreht sich um Geld. Wie heißt die Redensart? Geld ist die Wurzel allen Übels.

Denkt für euch selbst darüber nach. (Dann lernt ihr am besten.) Falls ihr glaubt, dies sei das einzige Leben, das ihr je gelebt habt, daß ihr von dieser Welt seid, daß Leben und Sterben von Gott bestimmt seien, daß sogar die Stunde eures Todes bekannt sei, dann gibt es das Böse. Und es existiert deshalb, weil dieser kurze Zeitraum - nocht nicht einmal ein **Atemzug** im Angesicht aller Ewigkeit - alles ist, was ihr Leben nennt; bestimmt gibt es dann das Böse.

Das Wissen, daß ihr ewig seid, transzendiert das Böse, denn so etwas wie das Böse gibt es nicht. Es gibt nur Gott. Die Erfahrung vom Leben ist ein Kontinuum. Wenn die Erfahrung eures Lebens bedeutet, nur für kurze Zeit zu leben und im Kampf von hier nach da zu ziehen, dann wird es vom Bösen beherrscht; und es besteht ein ständiger Kampf, sich vom Bösen fernzuhalten und zu versuchen immerwährend gut zu sein. Jene, die euch kontrollieren, haben dieses Konzept erschaffen, das ihnen Macht über euch gibt. Seht ihr, solange es ihnen gelingt, euch den Glauben an das Böse zu erhalten, haben sie die Macht, das **Wann** in eurem Leben zu bestimmen.

Gestattet eurem Wissen zu wissen. Je mehr ihr wißt, in aller Unschuld, umso großartiger werdet ihr das Wissen nutzen können. Denn das Wissen ist der Innere Vater, der Herr und Gott eures Seins, und ihr könnt es von allen Richtungen aus hervorrufen. Der Wind weht aus vielen Richtungen, nicht nur aus einer. Die Antwort auf eure Träume ist nicht von der Voraussetzung, die Gold heißt, abhängig. Ihr müßt jedoch eure **Einstellung** ändern, denn für euch dreht sich die Welt um das Gold.

Und solange ihr es auf diese Weise betrachtet,
wird es für euch so sein.

Und der "Realist" sitzt mit verschränkten Armen da und sagt: "Aber das hier ist die reale Welt. Ich muß meine Stromrechnung bezahlen!" Der Gott hingegen sagt: "ICH BIN ALL DAS, WAS DIE WELT IST."

Wenn ihr eure Einstellung zu eurem Hunger nach Gold ändert, den Traum, der in euch ist, umarmt und **das**, woran ihr glaubt, zulaßt, werdet ihr sehen, daß sich eure Träume sehr schnell vor euren Augen manifestieren, weil sie von einem Ort kommen, wo es keine Blockierungen, keine Probleme, keine Schwierigkeiten gibt.

Ihr seht etwas Schönes im Laden und fragt, wieviel es kostet. Alles dreht sich um den Preis. Und solange das so ist, werden jene Illusionen die Träume verbergen. Eure Einstellung sagt euch: "Ich kann das nicht haben. Es kostet zuviel Geld."

Ändert die Einstellung! Werdet unbegrenzt! Umarmt! Um zu umarmen, was ihr wollt, müßt ihr es ent-hüllen. Es kostet nichts, den Traum in euch zu umarmen, und im Augenblick höchster Emotion wird es euch erlaubt, den Traum dessen, was ihr wünscht, zu leben.

Wie kann ich mich klarer ausdrücken?

Hier ist ein Beispiel, das ihr verstehen könntet. Ihr Männer, was macht ihr, wenn ihr eine Erektion haben wollt? Ihr fantasiert über den Moment, der euch Lust und Leidenschaft bereitet. Geistig erlebt ihr diesen Moment, und euer Körper antwortet. Das wird Manifestation genannt. Euer Körper manifestiert eine Antwort auf die geistigen Bilder und Gefühle. Dieser Vorgang vollzieht sich deshalb so schnell, weil ihr **wißt**, daß ihr es vollbringen könnt! Nun, wenn wir eine Frau mit Brustwarzen, die die Farbe der Hagebutten haben, genau vor euch hinstellen, seid ihr vielleicht von euch selbst nicht so überzeugt! Jedoch im Dunkeln, ganz allein, könnt ihr erschaffen! (Ich kann mir nicht helfen, aber manchmal muß ich über euch lachen!)

Euer Körper ist schön. Er ist ein Wunder und ein lebendiges Beispiel, das euch dieses Konzept klarmachen kann; es gibt kein besseres. Das zeigt, wie mächtig ihr seid.

In einem Augenblick könnt ihr eine Emotion und eine Reaktion auf diese Emotion erschaffen. Und indem sich der Samen ergießt, fällt die Last von euch. Ihr seid nicht länger in ihrem Besitz. Versteht ihr das Beispiel? Es ist Natur. Es ist erstaunlich. Wunderbar!

In Gott existiert keine geteilte Energie. Sogar negativ und positiv sind eins. Und dasselbe gilt auch für ihr Gegenteil. Energie ist Energie. Gott legte kein größeres Gewicht auf die Erschaffung des Atoms als auf die Erschaffung der Sonne. Es ist dasselbe. Die Illusion bewirkt die Trennung. Es ist dasselbe. Durch das Gefühl könntet ihr in einem Augenblick den Traum ohne Gold umarmen. In einem Augenblick könntet ihr ihn durch den Ausdruck von Gefühlen lebendig erleben, und durch das Gesetz, daß sich aus dem emotionalen Dasein alles verwirklicht, manifestiert er sich. Warum? Weil es nichts gibt, was ihn blockiert. Er kostet nichts. Er IST einfach. Reine Energie.

Nun, laut der zur Zeit vorherrschenden Einstellung, oder was ich **gesellschaftliches Bewußtsein** nenne, ist Geld der letztendliche Herrscher über die Macht. Das ist begrenztes Bewußtsein, wie es sich im großen Rahmen ausdrückt. Wenn ihr das begrenzte Bewußtsein überwindet, welches sagt, daß ihr Geld braucht, und ihr einfach auf das Objekt zugeht, dann wird es euer. Versteht ihr? Denn jeder besitzt bereits das, was ihr in Gold haben wollt. Wußtet ihr das?

Damit will ich sagen, daß das Geld nicht euch gehört.

Begreift ihr? Es gehört euch nicht. Ihr habt über Geld keine Macht. Es gehört anderen, und ihr habt bei ihnen Schulden. So funktioniert das in eurer Gesellschaft.

Wenn ihr den Traum einfach als das,
was er eigentlich ist, umarmt und ihn bis in die
höchsten Höhen des Gefühls erlebt,
so wie ihr es in eurer Sexualität macht,
dann wird sich dieser Traum
nach dem Gesetz erfüllen.

Er wird **Werden**, zum Ruhme Gottes. Und je mehr ihr diese Träume in Besitz nehmt, um so schneller spürt ihr die Freude, und umso näher kommt ihr dem Heimweg.

Heim bedeutet nicht vorwärtsgehen; **es bedeutet nach innen gehen.** Und jeder Traum macht euch freier, um genau das tun zu können.

Reicher Mann, wenn deine Nächte einsam sind, warum bist du nicht glücklich? Was liegt unter der Oberfläche? Was möchtest du jetzt? Oh! Du gierige Wesenheit! Siehst du es nicht? Du wünschtest dir Geld und nicht das Gefühl, das du dir hofftest, mit Geld zu erkaufen hofftest. Wenn du Liebe wolltest, hättest du dir **Liebe** wünschen sollen - und nicht **Geld**.

"Was ist mit ihr geschehen?"
"Komisch, daß du fragst", gab Susie zur Antwort.
"Sie sagte, sie habe Gott gefunden."
"Zuhause habe ich die ***Fernsehzeitung*** *von dieser Woche. Hat sie zufällig erwähnt, auf welchem Kanal Er war?"*

Trick of the Light

Ihr lebt nicht im Lande Kalifornien! Ihr lebt in einem Land namens Armutsbewußtsein!

Ihr seid armutsbewußte Menschen, und ihr wißt nicht, wie ihr davon wegkommt. Gebt dem Kaiser, was des Kaisers ist, aber nehmt das in Besitz, was ewig ist; es ist euer ererbtes Recht. Und falls ihr immer noch auf jemanden wartet, der es euch in die Hand fallen läßt, habt ihr bald nichts mehr.

Es bedarf nur einer einzigen Manifestation eines Traumes, um das, was ich zu Beginn sagte, vollständig zu realisieren und es ganz anzunehmen.

'Na großartig! Das Königreich des Himmels ist innen! Tolle Sache, Gott zu sein!' Es muß **gelebt** werden. Es bedarf nur einer einzigen Manifestation, die ihr umarmt, die ihr erschafft, um euch auf den Weg nach Hause zu bringen. Bereits ein Hauch dieser Urkraft läßt euch erkennen: du kannst es. Und dann geht das Spiel nicht länger darum, wieviel Gold ihr in euren Träumen anhäufen könnt, oder wie viele Gegenstände. (Und denkt daran: Dinge sind nur dann etwas wert, wenn man sie verkaufen kann.)

Das Geheimnis ist, ihr müßt die Macht schmecken, ihr müßt schmecken, was es heißt, ein Meister auf dem Heimweg zu sein. Und dann werdet ihr nicht mehr sagen: “Ich brauche Land! Ich brauche Nahrung! Ich brauche Gold!” Ihr werdet beginnen, all eure Träume zu manifestieren, und je mehr ihr das tut, umso machtvoller werdet ihr. Dann entsteht Erleichterung. Dann werdet ihr fähig sein, zu sagen: “Ich bin hungrig.” Und in dem Augenblick, in dem ihr die Stille erschafft, fällt Manna.

Ihr müßt nicht sagen: “Ich brauche Geld, um Brot zu kaufen.” In der Zukunft werden sie euch kein Geld geben. Macht also euer Brot. Verstanden?

Dann geht ihr wie ein Meister.

Und jeder Traum, der Schicht um Schicht **abgetragen** wurde, jeder Traum, der euch frei gibt, wird euch dem näher bringen, was jeder große Meister seit Anbeginn aller Zeiten gesagt hat: **Die Macht ist in euch! Ihr könnt alles machen, denn der Gott, der ihr seid, ist für immer, und, in der Tat, ewig!**

Der Trick ist, euch zu veranlassen, eure Einstellung zum Geld durch Wissen neu zu verwandeln. Ich kann das nicht für euch tun. Ich kann euch Boten des Verstehens senden - jene leichtfüßigen Wesen, die euch helfen zu lernen, sei es durch Prüfung, hm-hm, Freude oder was sonst vonnöten ist!

Ich kann vieles tun, was euch zum Nachdenken bringt. Ich habe beobachtet, wie Leute all ihr Gold verloren, und sie verfluchten und haßten mich. Soviel hat es manche gekostet, es zu verstehen. Manche müssen an einen Punkt des ‘Nacktseins’ kommen, damit sie erschaffen können. Ihr müßt von eurem göttlichen ‘verlängerten Rücken’ erheben und es stark genug wünschen, um es zu machen. Und dann krabbelt ihr langsam nach oben.

Not macht erfinderisch. Sie wird auch größerer Genius genannt. Wie könntet ihr ein Genie sein, wenn an alles bereits gedacht wurde? Nun, es wurde nicht an alles gedacht, ganz und garnicht. Es ist vielmehr so, daß viel des gegenwärtigen Genius’ durch Regierung und Industrie kontrolliert wird. Aber so wird es nicht immer sein.

Nun, zu welchen Manifestationen ermutige ich euch? Wenn man das Geld ausnimmt, was liegt dann im Kern eurer Träume?

Es wird Genius genannt.

Genius ist vom Vater gezeugt. Wenn ihr euch entschließt, eure Engstirnigkeit aufzugeben, das gesellschaftliche Bewußtsein zu entfernen, wenn das aus dem Weg geräumt ist, wird ein unbegrenzter Geist geboren. Und dieser unbegrenzte Geist ist das Herz Gottes. Und dieser Geist erschafft durch Genius alle Manifestationen.

Und das kostet euch nichts.

Wie man das macht? Ihr habt bereits damit begonnen, weil ihr euch gewünscht habt zu wissen und einen Lernprozeß eingeleitet habt. Und einige von euch werden ihr Geld erhalten, weil es der einzige Wunsch ist, den sie sich vorstellen können. Aber es wird ihnen ausgehen. Und dann werdet ihr vielleicht der eigentlichen Bedeutung dessen, was ich sage, zuhören, und versuchen, etwas anderes als Geld zu manifestieren.

Ich war niemals zu Kompromissen bereit. Wißt ihr, was diejenigen sind, die Kompromisse eingehen? Spirituelle Prostituierte. Sie würden euch dazu bringen, sie als Engel des Lichts anzusehen, während sie doch in Wirklichkeit in ihrer Seele Heuchler sind. Sie machen Kompromisse. Ihr macht Kompromisse.

Wahrheit, gepaart mit einem Verständnis von gesellschaftlichem Bewußtsein, wird euch frei machen. Gesellschaftliches Bewußtsein ist die Unbeständigkeit des Menschen und seiner Natur.

Ich weiß, wie euer Verstand arbeitet. Ich kann euch jetzt hören. Ihr würdet sagen: “Geliebter Bruder, ich bin es, und ich arbeite vom Herrn und Gott meines Seins aus.”

Und ich würde euch sagen: “Um welchen Preis, Meister?”

Und ihr würdet erwidern: “Der Preis spielt keine Rolle. Ich wünsche es. Ich will.” Und dann dreht ihr euch um und fragt: “Und übrigens, worin soll ich investieren?”

Was war das erste Verständnis im vorangegangenen Abschnitt? Ich wünsche mir, Gott zu sein. Und für einen Augenblick wurde das, was erfüllt, gesehen, jedoch im nächsten Augenblick wieder verloren.

Ihr müßt den Punkt erreichen, an dem der Wunsch “Ich möchte Gott werden” der stärkste aller Wünsche ist. Denn nur wenn man hungert, lernt man durch die ‘Mutter der Erfindung’. *(Anm. d.. Übers.*: ‘Mutter des Erfindens’ bezieht sich auf das Sprichwort: “Necessity is the mother of invention”, auf deutsch: “Not macht erfinderisch”) Erst wenn ihr pleite seid, beginnt ihr herumzusuchen, und ihr werdet erfinderisch, seid außer euch, geratet in Panik, faucht, haßt und werdet bösartig. Erst dann gelangt ihr genau zum Kern eures Seins, um euren Schatz zu ersetzen.

Und, bei Gott, ihr tut es! Und dann sagt ihr: “Bei dir muß ich mich nicht bedanken!”

Und ich antworte: “Selbstverständlich nicht!”

Kompromisse machen. Wie könnt ihr sagen: “Ich will Gott sein,” und dann wollt ihr wissen, worin ihr investieren sollt? Ist das nicht eine Absage an eure Wünsche und Träume?

Eigentlich sagt ihr: “Ich will reich sein, damit ich Zeit habe, Gott zu sein.”

Haltet mich da raus.

Ich schulde keinem Menschen auf dieser Ebene irgendetwas. Ich bedauere nichts von dem, was ich je gelehrt habe, sei es einzelnen oder in Gruppen. Meine Wahrheit ist im Gleichgewicht. Sie ist unverdorben. Sie ist unbeschönigt. Sie ist nur; gleich einem fruchtbringenden Traum liegt sie da. Warum? Weil ich bereits alles in mich aufgenommen habe. Wieso sollte ich einen Traum der Kompromisse behalten? Ich besitze ihn. Mein Leben hat ihn anerkannt.

Ich bin ein standhafter Lehrer.

Aber wenn ihr es in euch aufnehmen könnt, trotz eures veränderten Egos, und im Licht eures eigenen reinen Verstandes dem von mir Gesagtem zuhören könnt, wird die Stunde kommen, in der euch kein Mensch beherrscht. Und ihr könnt das Licht des Morgens sein. Und ihr werdet Integrität und Ehre **sein**; ihr werdet die Schönheit sein, die keinen Schatten hinterläßt.

Kompromißbereite Wesenheiten hinterlassen dichte Schatten.

Euer Vermächtnis ist der Ausgangspunkt.

Das Vermächtnis ist, ihr seid Gott! Und der Vater und ihr seid eins. Und das Königreich des Himmels ist in euch. Und wenn ihr sagt: “Ich wünsche mir, Gott zu werden,” was bedeutet es dann, euer geschellschaftliches Bewußtsein zu zerbrechen, bis ihr jedes einzelne Fragment versteht und annehmt? Was soll’s, wenn es bedeutet, sich mit jedem Aspekt eures Charakters herumschlagen? Was soll’s, wenn es bedeutet, jeden Charakterzug zu feiern.

Es ist egal, was notwendig ist, um den Moment zu erreichen, der euch veranlaßt, eure Einstellung zu ändern! Es ist notwendig! Segnet, was euch dorthin bringt!

Es gibt sehr reiche Wesenheiten, die mich verachten, da sie einen Teil ihres Vermögens wegen mir verloren haben. Dennoch liebe ich sie. Dann hatten sie wieder Mumm in den Knochen. So sagt ihr doch, oder? Ihr benutzt diese Redensart, um wahren Mut und neu erwecktes Leben auszudrücken.

Ihr lernt durch euern Genius. Das ist wunderbar. So muß es sein! Die Stunde wird kommen, in der der Traum von Haß, Bosheit, Bitterkeit und Zorn angenommen ist, und der Traum wird euch loslassen.

Und wie wird das geschehen? Wenn der Reiche genau das für jemanden wird, was ich für ihn geworden war. Wenn er gehaßt, verachtet und getadelt wird, dann wird er plötzlich den Traum besitzen. Er wird ohne Makel sein, nie mehr kompromißbereit sein.

Dies hier ist eine Reihe von großartigen Lehren und Lektionen, die euch helfen, das Spiel, das ihr Realität nennt, zu verstehen. All dies soll euch helfen. Es existiert, um euch auf die andere Seite zu bringen. Verstanden? Ich liebe euch!

Mein Wunsch für euch ist, daß ihr Souveränität erlangt.

Denn in den Tagen, die noch in der Zukunft liegen, sind Souveränität und Makellosigkeit Wahrheit. Und wenn ihr eure Wahrheit lebt, wird euch nichts treffen oder verletzen; und ihr werdet nicht hungern. Denn das ist die Realität einer rechtschaffenen, kompromißlosen Wesenheit.

"Du willst doch wohl nicht sagen, daß sich die ganze Welt ändert, indem wir unsere Art über Dinge zu denken ändern," sagte ich skeptisch. "Positives Denken ist nichts Neues."
"Ich empfehle, weniger zu denken und stattdessen mehr zu empfangen."

Trick of the Light

Der alte Mann und der Weise

Einst gab es einen Mann, euch ‘ähnlich’, ohne Kosmetik, ohne Juwelen, ohne feines Leinen, Seide und all dem. Er war nur eine einfache alte Wesenheit, die alles haben wollte.

(Das ist übrigens eine wahre Geschichte.)

Dieser Mann ging zu einem Weisen und sagte: “Weiser, ich möchte ein Königreich besitzen. Was soll ich tun?”

Der Weise sandte ihn mit diesen Anweisungen auf den höchsten Berg des ganzen Landes: “Geh auf diesen Berg, sammle Steine, bau auf dem Berg eine Hütte, und du wirst ein Königreich haben, von dem aus die ganze Welt zu sehen ist.”

Dieser Weise war der weiseste im Lande, also befolgte der Mann seinen Rat. Dieser Mann war außerdem ausgesprochen großzügig. Dem Bettler, der um Almosen bat, gab er einen Rubel, kaufte sich köstliches Fleisch, bepackte seinen Esel und machte sich auf den Weg.

Er stieg hoch auf den Berg hinauf, und die Götter müssen mit ihm gewesen sein, denn wahrlich, kein Schnee fiel während des ganzen Jahres. Er suchte all die uralten Steine zusammen, und mit dem Mist seines wundervollen Tieres verband er die Steine miteinander und baute sich eine Hütte. Und als die Blätter des Schilfrohres vertrockneten, ging er hin und schnitt sie. Er band sie zusammen und deckte das Dach. Und da es ringsum nicht viel Holz gab, nahm er den Mist, trocknete ihn und machte Brennstoff daraus.

Und einen Ausblick hatte er! Aah! Was für einen Ausblick!

Eine zeitlang saß er da, erfreute sich an der Sicht und verzehrte seine mageren Krumen. Doch als er merkte, daß eigentlich nichts geschah, bestieg er wieder seinen Esel und kehrte zu dem Weisen ins Tal zurück. Er sprach: “Weiser, ich will mein Königreich. Ich habe bereits all das getan, was du mir geraten hast.”

Und der Weise blickte ihn an und sprach zu ihm: “Nun, geh’ und reiße alles nieder und lege die Steine dorthin zurück, wo du sie gefunden hast.”

Nun ja, der Mann war skeptisch. Wirklich. Doch dann kam ihm ein Gedanke, und so denkt ihr alle: “Wenn ich das mache, werde ich vielleicht mein Schloß aus Gold erhalten.” So redete er sich ein, daß seine Arbeit, die Steine alle zurückzulegen, bedeute, daß er einen glänzenden Palast aus Gold besitzen würde.

Seht ihr, das war seine Motivation.

Also bepackte er seinen Esel, gab dem Bettler einen Rubel, bestieg wieder den Berg und nahm alles, was er erbaut hatte, auseinander. Das Schilf wurde vom Dach genommen, und er entfernte alle Steine, einen nach dem anderen. Und die ganze Zeit, während er arbeitete, beschäftigte er sich damit, sich der genauen Stelle jedes einzelnen Steines zu erinnern. Er tat es mit Inbrunst, um es perfekt zu machen, denn er wußte genau, wenn er es präzise und richtig machen würde, würde er seinen schimmernden Goldpalast haben. Ihr versteht also, es machte ihm nichts aus, sein Gedächtnis mit der Frage ein wenig zu dehnen und zu strecken, wohin alles gehörte. Ein geringes Opfer.

Und als er mit allem fertig war, nahm er ein wohltuendes, aber einfaches Mahl ein. Dann bestieg er seinen Esel und kehrte zurück, um den Weisen zu sprechen. Als er sich auf dem Weg zum Weisen befand, war da derselbe Bettler und dieser schrie nach Almosen!, Almosen!, Almosen!

Nun ja, er gab ihm eine Münze und besuchte dann den Weisen, der sagte: “Geh und finde jeden Stein, den du zurückgelegt hast, und erbaue nochmals die Hütte, ebenso wie du sie zuvor gebaut hattest.”

Das dritte Mal - eine wahre Freude.

Der Weise lächtelte nur. Der Mann seufzte sehr tief. Nun ja, ihr könnt es euch vorstellen. Er trat hinaus und beachtete den nach Almosen schreienden Bettler nicht. Mittel werden knapp. Also, er belud seinen Esel, ging zurück auf den Berg, fand jeden Stein genauso wie er ihn verlassen hatte und machte sich an die Arbeit, alles wieder aufzubauen.

Nun, als er ungefähr dreiviertel der Mist-und-Steinwand errichtet hatte, merkte er, was er hier eigentlich tat. Und er beschloß, wenn er Ausdauer zeigen würde, daß er von Allah belohnt werde. Somit beschleunigte er seinen Schritt, derweil er eine kleine Melodie sang. Das ganze Tal warf das Echo zurück. Der Esel blickte auf, schenkte ihm ein wenig Beachtung und kehrte zum Fressen und zu der Herstellung von weiterem Mist zurück, der auf allen Steinen verteilt wurde.

So fuhr der Mann fort, alles ganz genau zu machen. Doch bevor er das letzte Viertel fertiggestellt hatte, brach ein schrecklicher Schneesturm herein.

Nun, ein kleiner Schneesturm konnte das Kommen von Schamballah nicht verhindern!

Er zog sich etwas dicker an, führte den Esel in die Mitte des Hauses und deckte mitten im heftigsten Schneessturm das Dach weiter mit Schilf ab.

Als er alles beendet hatte, zitterte er vor Kälte. Er entzündete ein kleines Feuer. Der Esel starrte ihn mit glänzend braunen, feuchten Augen nur an; und er war mit sich zufrieden.

Der Mann wurde etwas ärgerlich. Er hatte viel für Allah getan. Täglich sprach er zu Allah. Täglich flehte er Allah an. Allah wußte sicherlich, was er für einen Diener an ihm hatte. Wußte er denn nicht, daß er mit der ganzen Güte seines Wesens alles genau so gemacht hatte, wie der Weise es gesagt hatte? Konnte Allah ihn nicht anlächeln und ihm, ehm, na sagen wir mal, einen Besitz in Malibu geben? (Ich muß die Geschichte etwas modernisieren, versteht ihr.)

Der Schneesturm legte sich. Allah blieb wie immer stumm.

Der Mann bepackte seinen Esel und stieg hinab, um den Weisen aufzusuchen.

Der Weise sagte: “Ahhhhhhhhh! Ahhhhhh! Das hast du sehr gut gemacht. Nur noch ein ganz klein wenig länger. Geh und reiße alles nieder. Und lege die Steine wieder ganz genau dahin, wo du sie gefunden hast.”

“Machst du Scherze?! Weiser, was hast du denn geraucht?!” (Noch eine ‘Modernisierung’. Ihr sagt das, ich hab’s gehört!) Und der Weise versicherte ihm, es wäre nur noch für kurze Zeit.

Na schön, er erhob sich und schleppte seinen Allerwertesten zum Esel. Und als der Bettler "Almosen! Almosen!" rief, spuckte er ihm ins Gesicht, denn er erkannte, daß der Bettler sehr wohlhabend geworden war, er hingegen nur ärmer.

Und er machte sich auf den schönen Weg, jedoch in keiner fröhlichen Stimmung. An diesem besonderen Tag pfiff er kein Liedchen.

Er blickte nicht länger mit einem leicht heuchlerischem Blick hinauf, der im Namen der Liebe zu Allah von salzigen Tränen überfloß. Er blickte in die Sonne, das schmerzte in seinen Augen. Eine dicke Staubschicht, gelb wie Safran, bedeckte nun seine ganze Erscheinung. Er hustete und würgte sich den Berg hinauf.

Seht ihr, man kann Allah nur dann viel geben, wenn man sich gut fühlt. Wenn man nicht 'voll drauf' ist, dann ist es eben aus mit Allah. Dann ist es nur die schreckliche Mittagssonne, die erbarmungslos auf dich und deinen armen Esel herunterbrennt.

Er kehrte daher auf den Berg zurück, aber sogleich merkte er, daß er - wie soll man sagen.... nicht direkt motiviert war, nochmals die Steine dahin, wo sie herkamen, zurückzulegen. Wißt ihr, inzwischen wußte er, wohin jeder Stein auf dem Berg gehörte, er konnte sie mit verbundenen Augen umhertragen.

Und so saß er auf der Erde, und in seinen Gedanken ging es: "Ich weiß, wohin du gehörst und wohin du gehörst."

"Du gehörst hierhin. Du gehörst dahin."

"Du - dadrüben hin. Du kommst hierhin. Du, nach da unten. Und du gehst da obenhin."

"Ich weiß, es ist rutschig, aber du gehst dahin."

Und so saß er da, und in seinen Gedanken kam jeder Stein an seinen Platz.

Er war wirklich erbost und fühlte sich allein durch diese Prozedur schon sehr matt. Er hatte nicht einen Finger gerührt.

Also sprang er auf seinen Esel und ging zu dem Weisen.

Und der Weise sprach: "Hast du jeden Stein entfernt?"

Und er antwortete: "In der Tat."

"Einmal mußt du noch zurückkehren und alles aufbauen."

"Das habe ich bereits gemacht."

Und der Weise sagte: "Nun ja, dann reiß es ein."

Er antwortete: “Ich hab’s gerade getan.”

Was geschah nun mit dem Haus? Nun ja, ein schrecklicher Schneesturm kam auf und riß das Dach ab, und schließlich, weil es so kalt war, gefror der Mist, zerbröckelte und alle Steine brachen aus dem Haus. Und den Rest des Winters lagen sie unter einer dicken Schneeschicht.

Dann, als Tauwetter einsetzte, gab es sebstverständlich eine Lawine, die den Berg hinab rollte. Als die Lawine den Berg hinunter ging, rollten die Steine, die er so sorgfältig und peinlich genau plaziert hatte, den Berg hinab und zersprangen. Einige trafen ihn am Gesäß!

Inmitten eines Steines verlief eine Erzader.

In jedem Stein, der den Berg hinunter kam, war das “Gelbe Fieber”, Gold. Durch jeden einzelnen Felsbrocken, den er emporgehoben hatte, verlief eine Goldader. Ich werde euch nicht sagen, wo dieser Ort genau liegt, aber ich gebe euch einen Hinweis.

Salomon erhielt seinen Teil.

Nun, die Moral von der Geschichte - um euch dabei zu helfen: Träume sind ebenso wie das Bauen jener Hütte. Es kommt die Stunde, in der nicht länger das zählt, was ihr außerhalb von euch manifestiert, sondern was ihr in euch getan habt; und in dem Augenblick, wo das Außen nicht mehr hier für diese Anschauungsebene existiert, ist es das Innen, das uns von all unserer Bürde erlöst. Die Träume. Und dazu werden schrecklich viele Boten und Erfahrungen gebraucht. Und für jeden einzelnen eurer Träume ist es erforderlich, zu kommen und zu gehen, sie immer und immer und immer wieder zu erfahren, bis ihr sagen könnt: “Das habe ich bereits gemacht.”

Erst derart beschleunigt seid ihr fähig, den Herrn und Gott eures Seins als strahlende Flamme zu sehen. Und was dann **hier** in euch wird, gehört euch im nächsten Moment, und der Effekt daraus gleicht einer Lawine.

Es war bereits die ganze Zeit in den Steinen.

Ihr müßt das tun, damit ihr sagen könnt: “Das habe ich bereits gemacht.” Ihr müßt in der Lage sein, diesen Traum zu haben und auf dieser Ebene die Dinge, die ihr braucht, zu erfahren, um sagen zu können: “Das habe ich bereits gemacht.” Und das ist der Zweck dieses Buches. Finanzielle Freiheit.

Und wenn ihr dieses Buch zu Ende gelesen habt, wird es einfach **Freiheit** bedeuten.

So sei es.

Eines Tages werde ich diese Geschichte erzählen, und ihr werdet sie wirklich verstehen, denn ihr werdet die Erfahrung besitzen.

"Ich fing an mich umzusehen und das Leben als Traum zu betrachten, als eine Wahl, die ich getroffen, erschaffen und -buchstäblich- ins Leben gerufen hatte. Und während all die anderen Möglichkeiten und Entscheidungen zur Verfügung stehen, werden sie nur nicht 'gewählt'. Sie schlummern.... 'nicht erwählt'. Sie sind 'unverwirklichte' Realitäten."

Trick of the Light

Durch die Erinnerung an den Traum beginnt der Prozeß

Was braucht ihr? Was wollt ihr?

Jetzt ist der Augenblick gekommen, nach innen zu schauen, um eure Träume zu finden. Nach Ende dieses Kapitels möchte ich, daß ihr geht und euch euren körperlichen Bedürfnissen zuwendet. 'Erleichtert' euch und dann füllt ihr euren Körper, damit er euch nicht ablenkt, wenn ihr nach innen schaut.

Dann möchte ich, daß ihr einen stillen und einsamen Ort findet. Nehmt Bleistift und Papier an diese einsame Stelle mit, und sobald ihr euch dort niedergelassen habt, möchte ich, daß ihr vom Hérrn und Gott eures Seins aus euch fragt, was eure Wünsche sind. Geht so tief in euch, wie ihr könnt, und schreibt die Dinge nieder, die ihr wünscht.

Mit anderen Worten: Schreibt all eure Träume auf.

Warum bitte ich euch, das zu tun? Weil ich weiß, wenn ihr das jetzt im Licht des bisher gewonnenen Wissens tut, werdet ihr eure Träume von einem anderen Blickwinkel aus sehen. Das müßt ihr. Ihr seid sensible Leute. Um zu wissen, daß die Träume existieren, müßt ihr sie niederschreiben. Und seht diesmal, wie sich der Kern des Traumes verändert. Schreibt aus dem "**Ich möchte**" - Blickwinkel.

Listet so viele Träume auf, wie ihr wollt. Oder ihr schreibt nur einen auf. Ihr könnt auch immer noch schreiben: "Es ist lediglich Geld!

Das ist alles, was ich will." Das ist in Ordnung. Dadurch jedoch erreicht ihr den Punkt, wo ihr eines Tages genug erfahren habt, um großartig zu sein und sagen zu können: "Hab ich schon. Es gehört mir."

Wir sind dabei, den Prozeß, der eure Träume verwirklicht, in die Hand zu nehmen.

Ihr braucht nur eine klitzekleine Manifestation. Ihr müßt nur eine einzige Sache, deren Eintreten ihr erträumt habt, erschaffen, damit ihr einen Vorgeschmack von **"der Vater und ich sind eins"** erhaltet.

Wenn ihr eine Pause braucht, um mit euren Träumen sozusagen besser in Kontakt zu kommen, dann nehmt sie euch. Bevor ihr aber dieses Buch weiterlest, müßt ihr eure Träume, die Begrenzungen eures Seins kennen, falls ihr mit dem Prozeß arbeiten wollt.

"Aber erschafft diese Denkweise nicht eine Art psychologischer Anarchie, wo nichts schlecht und jeder für sich ist?"
"Diese Art zu 'denken' vielleicht - auf diese Weise zu sehen, jedoch nicht."

Trick of the Light

Überleben oder Ankommen - es ist eure Wahl

Wenn ihr über eure Träume im Licht dieser Information nachgedacht habt, dann könnt ihr sie nun als Begrenzungen, die euch zurückhalten, erkennen. Und vielleicht habt ihr bereits vermutet, ohne daß ich es euch sagen mußte, daß ihr nicht bereit seid heimzukehren, wenn ihr mit Träumen beladen seid.

Schließlich, was ist das Leben?

Es ist die große Plattform, auf der Gott, der Vater, Leben immerwährend hervorbringt, Leben, welches sich entwickelt, großartiger wird, sich verändert. Gott ist nicht perfekt auf dieser Ebene, und Perfektion ist ein Traum.

Darf ich euch etwas fragen? Warum habt ihr dieses Leben, wenn ihr es unverzüglich wieder verlassen wollt? Ihr könnt in eurem Drama die Träume träumen und sie in die Relität hineinbringen. Aus diesem Grund existiert dies alles! Es existiert nicht, damit ihr auf diese Erde kommt und halsstarrig und enthaltsam seid. Das ist langweilig! Ihr verpaßt den Zug und versteht nur Bahnhof.

Ebenso ist es eine Begrenzung, die Liebe Gottes als Einschränkung für das Leben anzusehen. Es ergibt überhaupt keinen Sinn, daß es einerseits **Gott** und andererseits das **Leben** gibt und ihr das Leben ignorieren sollt, um Gott zu dienen. Das wäre Heuchelei.

Gott und Leben sind nicht getrennt. Aus welch anderem Grund wärt ihr hier, wenn nicht um das Leben zu erfahren? **Denkt darüber nach.**

Ihr seid immerwährende Wesenheiten. Ihr seid es! Und eure Träume sind nichts anderes als Evolutionsschritte.

Und solange ihr die Träume nicht verwirklicht habt, entwickelt ihr euch nicht.

Groß ist ein Meister, der in das Christus-Bewußtsein eintritt, weil er sich über die Träume des 'Brauchens' hinausentwickelt hat. Wenn die Seele das 'Brauchen' spürt, bedeutet dies, ihr solltet es annehmen, egal was es ist.

Wenn Träume unterdrückt werden, entstehen Wut und Gewalt; schlechte Taten werden begangen. Versteht ihr das nicht? Schlechte Taten entstehen, wenn man Träume unterdrückt.

Wenn ihr euch tatsächlich gestattet, die Erkenntnis dessen, was ich bis jetzt gesagt habe, anzunehmen, könnt ihr Freude finden. Das ist aber das Wichtige.

Ihr müßt euch erlauben, eure Träume zu sehen. Das heißt, ihr müßt euren Geist öffnen. Ihr müßt die Ein-Drittel-Gehirn-Kraft überschreiten. Denkt nur für einen Augenblick über die Lebensfähigkeit dieser Wahrheit nach. Wenn ihr euch doch für diese Wahrheit öffnen könntet, von ihr leben könntet, wie von Manna, ihr würdet die **Tagträumereien** auf eurem Weg hinter euch lassen und euren Weg auf dem Pfad, der euch Freude bringt, **verwirklichen**.

Was macht euch glücklich? Das zu bekommen, was ihr euch wünscht. Stimmt's? Wenn ihr nicht das bekommt, was ihr wollt, werdet ihr unglücklich. Doch die Leute sagen euch: "Ohhh, geben ist seliger denn nehmen." Also umhüllt ihr euch mit dem Deckmantel eines Märtyrers.

Ihr seid nicht glücklich, wenn ihr Märtyrer seid.

Wenn ihr euren Traum verwirklicht, entsteht vor Freude eine tanzende Ekstase, voller Leben. Ihr werdet Erfüllung nicht im selben Maße schätzen, wenn sie durch die Bemühungen eines anderen entsteht. Ihr empfindet Freude viel stärker, wenn Erfüllung dadurch entsteht, daß ihr selbst den Gegenstand erlangt habt oder daß ihr selbst die Handlung vollbracht habt. Richtig?

Vielleicht bewundert ihr wirklich das erste Genie, das ihr trefft. Doch wenn ihr fortschreitet und noch einigen anderen begegnet, verblaßt die Bewunderung. Aber ich kann euch versichern, wenn ihr eure eigene Genialität bewundert, wäre die Verzückung vollständig. Wieso ist es so schwer, sich selbst etwas zu geben?

Wenn ihr diese Wahrheit angehörtet und lerntet, und sie nicht aus dem Zusammenhang reißt oder zerstückeln würdet, wenn ihr der Wahrheit erlaubtet, so ursprünglich zu sein, wie ich sie euch gegeben habe, würden euch eure Träume und die Verwirklichung absoluter Freiheit gleich einem Fluß zufließen. Euer Leben würde sich im Zeitfluß beschleunigen, weil sich die Periode bis zur Manifestation mit jedem Traum, den ihr manifestiert, verkürzt.

Übrigens, ich empfehle noch, träumt lieber von Freiheit in dem Sinne von "Freiheit träumen" als von finanzieller Freiheit, denn sie existiert nicht wirklich. Wenn ihr bedenkt, wem euer Geld gehört, müßt ihr den nächsten Schritt tun und erkennen, daß ihr nie frei sein werdet, solange ihr auf Kredit arbeitet. Wenn ihr das bereits erkannt habt, werdet ihr zum Klassenersten, denn es ist reine Logik, und das zeigt an, daß Lichter aufgehen.

Allein durch Kenntnis seid ihr in der Lage, jenen Traum von Freiheit anzunehmen und seine Erfüllung zu ermöglichen.

Wißt ihr, wie ihr zum Magier werdet, der fortschreitet, um zum Christus zu werden? Zu Beginn steht der wahre Hunger nach Wissen von Gott und dem ewigen Leben; und diesen Hunger bringt ihr auf seinen Höhepunkt. Dort, wo ihr jetzt steht, könnt ihr diese Dinge in eurer eigenen Sprache auf eure Art und Weise verstehen, und diese Wahrheit kann zu einer lebendigen Wahrheit für euch werden. So werdet ihr vom Magier zum Christus.

Wieso es nicht jeder **versteht**? Weil viele von euch durch ihre Einstellung eingeschlossen sind, und ihr gestattet es nicht, daß diese Einstellung euch losläßt, damit ihr voranschreiten könnt. Ihr streckt noch eure Hände hoch in die Luft: "Gib mir, gib mir, gib mir. Ich verdiene es, daß du mir gibst. Eigentlich mag ich mich nicht, aber ich weiß, ich sollte auf alle Fälle etwas erhalten."

Das ist ein Widerspruch, der euch nur gerade zu überleben

erlaubt. Ihr kommt nie wirklich an.

Ich kann es buchstäblich **hören**, wie ihr das Gelesene mit dem vergleicht, was ihr in bezug auf dieses Thema für wahr gehalten habt. Das ist vollkommen in Ordnung. Es ist viel Raum für euch da, um zu wachsen. Diese Wahrheit ist zeitlos. Sie wird für immer da sein, weil sich einfach auf diese Weise die Verdichtung des Gedankens zu Materie ereignet - durch Emotion. Ihr seid das Ergebnis eines Traumes, der verwirklicht wurde. Eure ganze Welt ist ein verwirklichter Traum! Wißt ihr nicht, daß Gott träumt?

Evolution kann nur eintreten, wenn der Traum in materieller Form verwirklicht wird. Wenn die Form sich zu verändern beginnt, dann ist der Traum verwirklicht, der Traum Gottes, in dem ihr der wichtigste Spieler seid. Dies also ist zeitlos. In der Struktur eurer Gesellschaft geschehen viele Dinge; für diese Einsicht gibt es bis jetzt keinen 'letzten Termin'.

Da draußen gibt es eine wunderbare Frau, die denkt: "Aber ich kann das nicht ganz alleine machen." Selbstverständlich dürft ihr euch so fühlen, solange ihr wißt, daß ihr den Traum namens "Hilflosigkeit" erschaffen habt.

Und euer Traum von Armut wird sich nur vertiefen, denn ihr könnt nicht dieser Wahrheit lauschen und wissen, daß sie wahr ist, und gleichzeitig sagen: "Ich kann es nicht machen." Denn dann erschafft ihr Mangel! Und es ist in Ordnung, diesen Traum zu haben, solange ihr merkt, daß ihr es seid, die das Hindernis errichten.

Dieser Prozeß hört auf, ein Spiel zu sein, wenn ihr eure erste Manifestation zustande bringt. Träumen ist nur dann ein Spiel, wenn ihr schlaft und fühlt, daß ihr keine Kontrolle habt; von da an ist Träumen ein Spiel. Doch ihr erschafft den Schlummer, und ihr erschafft euch die Umstände.

Ich will euch sagen, was Freiheit ist. Freiheit bedeutet, einen Traum zu manifestieren und gleichzeitig das Gold zu umgehen.

Erst wenn ihr wißt, was ihr seid, werdet ihr glücklich sein. Euer

Leben lang habt ihr für eure Fehlschläge Anerkennung eingeheimst. Und ihr habt euren Eltern, euren Partnern, der Regierung und sogar dem Hund von nebenan einen Teil der Schuld gegeben. Jeder ist ein wenig Schuld an eurem schrecklichen Leben. Aber im großen und ganzen habt ihr euch euer Versagen als Verdienst angerechnet und es akzeptiert.

Wenn ihr dieselbe Energie nehmt und einseht, daß ihr das Scheitern selbst erschaffen habt, werdet ihr merken, daß es ein Traum war. Und es ist an der Zeit, diesen Traum zu überschreiten. In dem Augenblick, wo ihr eure eigene Manifestation in den Brennpunkt der Aufmerksamkeit stellt, wird ein Wind aus dem Nirgendwo kommen und mit euch lachen. Dies bedeutet, ihr seid zuhause, frei.

"Vielleicht wäre es leichter gewesen,
lediglich dazusitzen und zu meditieren,
aber du mußt das tun, was für dich einen Sinn ergibt.
Anscheinend verbringe ich viel Zeit
meines Lebens damit, mich selbst zu überzeugen,
daß es wirklich wahr ist, woran ich glaube."

Trick of the Light

Den Traum umarmen - der eigentliche Prozeß

Der eigentliche Manifestationsprozeß muß auf dem Boden sitzend durchgeführt werden, buchstäblich auf der Erde. Ihr müßt dem magnetischen Feld der Erde so nah wie möglich sein.

Sogar die Bakterien, die in der Erde leben, wissen durch ihre eigene Polarisation, in welcher Richtung Norden, Süden, Oben und Unten liegen. Sie wissen es durch ihren Instinkt. Ihr Instinkt wird entlang des elektro-magnetischen Feldes geführt. Um zu erschaffen, müßt ihr der Natur nah sein, so nah ihr könnt, denn dort befindet sich im Grunde das herrlichste Beispiel eines fortlaufenden Kontinuums.

Also setzt euch auf den Boden, wenn ihr wollt, aber auf keinen Fall auf einen Stuhl. Auf der Erde zu sitzen, ist allem anderen vorzuziehen. Außerdem setzt euch so, daß ihr in der Nord-Süd-Richtung ausgerichtet seid. Das geschieht, damit sich das Feld eurer Aura mit den elektromagnetischen Feldern der Erde gut vermischt, die von Polargebiet zu Polargebiet schwanken und dann um den Wendekreis des Krebses wirbeln.

Nun, macht hieraus in eurem Kopf nur kein Ritual!
Rituale müssen immer dem Wissen untergeordnet sein.

Wenn ihr das Ritual an die erste Stelle setzt, habt ihr den Zweck dessen verfehlt, was ihr zu erreichen versucht. Ihr könnt hier den lieben langen Tag auf dem Boden sitzen, nach Nord-Süd und auf den Wendekreis des Krebses ausgerichtet sein, bis ihr schwarz werdet, und wenn ihr zur Tür hinaus geht, könnt ihr noch immer dumm sein. Nun, ich will nicht beleidigend sein, ich meine das humorvoll. Nun denn, es liegt eine große Wahrheit darin, die mitgeteilt werden sollte.

Euer Gehirn ist ein Empfangsgerät, das den Eintritt von Gedanken ermöglicht. Erst wenn jene Knöpfe gedrückt werden, hat der göttliche Gedanke eine Stelle, mit der er sich verbinden kann. Der Gedanke fließt von eurem Gehirn durch den Körper und wird in eurer Seele gespeichert. Und mit genau diesem in eurer Seele gespeicherten Wissen habt ihr die Wahrnehmungsfähigkeit, um mit Vergangenheit, Gegenwart und Zukunft zu arbeiten, mit Emotionen, zukünftigen Wünschen und der gegenwärtigen Körpervergangenheit.

Ihr müßt also auf dem Boden sitzen, um diesen Prozeß fortzusetzen.

Es ist eine individuelle Erfahrung und keine, zu der ihr euch Samtag abend treffen solltet, um sie gemeinschaftlich zu machen. Ihr lernt vielleicht in einer Gruppe, um das Verständnis anschaulich zu machen. Aber denkt daran, daß große Meister in die Wüste gingen und dies auf ihrer Wanderung getan haben. Sie saßen unter einem Baum, an einem sprudelnden Bach oder an einem tiefen Abgrund. Es ist egal, solange ihr auf der Erde sitzt. Nicht auf einem Thron, sondern auf der Erde. Ihr könnt dieses Wissen gemeinschaftlich erringen. Ihr könnt euch gemeinsam darüber empören. Und ihr könnt gemeinsam über meinen Humor lachen, aber geht und arbeitet als einzelne mit diesem Wissen.

Ich werde euch weiterhin als Gruppe zu einem Verständis führen, falls ihr in dieser Form arbeitet, dennoch werde ich mich auch an den einzelnen wenden, Schritt für Schritt. Ich empfehle euch sehr, mit diesem Material alleine zu arbeiten, damit euch nichts stört.

Der Trick ist letztendlich, diese Information in der Praxis anwendbar zu machen. Rituale sind eine langweilige Sache. Dies hier ist ein **'Tun'**; hinter dem "Wissen" steckt, und in der Stille zwischen den Worten liegt ein Zweck. Worte sind Begrenzungen. In der Stille habt ihr die Freiheit, die Ebenen der emotionalen Wahrheit zu erforschen - **mit dem Gefühl**. Jede einzelne wissenschaftliche Tat wird von emotionale Schöpfungskraft unterstützt.

Was gab dem Atom die Bewegung? Was gibt einem neuen, wunderbaren Quasar den Atem des Lebens, damit er in den Lebensatem hineinexplodieren kann, um Universen zu erschaffen?

Emotion. Alles, was ihr in eurem Leben je gemacht habt, geschah durch Emotion.

Abgesehen davon, daß euer Leben engstirnig war und eure Emotion schändlicherweise nur im Bereich des Überlebens eingesetzt wurde. Wißt ihr, wie das funktioniert? Ihr findet ein Mädel oder einen Burschen und empfindet eine starke Leidenschaft füreinander. Ihr wälzt euch einige Male auf dem Heuboden. Ihr könnt ohne den anderen nicht leben. Wer denkt schon an morgen? Natürlich kommt das 'Morgen' und der Heuboden ist abgenutzt. Also sucht ihr euch einen besseren Mann oder eine besseres Mädel. "Wir brauchen mehr Geld. Ich möchte ein besseres Haus, einen größeren Wagen. Und ich brauche mehr Kleidung." Ihr kennt das. Darauf war eure ganze Konzentration gerichtet.

In der Stille zu lernen, wie man gefühl-voll wird, ist der Schlüssel, der das Königreich des Himmes aufschließt, denn reine Emotion ist reine Wahrheit.

Wie könnt ihr ein Gefühl für etwas entwickeln, worüber ihr heuchelt? Wie könnt ihr von etwas begeistert sein, worüber ihr nicht begeistert sein wollt? Wie kann es euch anregen, jemandem zu helfen, wenn dieser Mensch euch innerlich krank macht?

Der Punkt ist, wenn ihr in der Stille seid und das 'Umarmen' lernt, werdet ihr euch nicht selbst belügen. Genau hier **drinnen, emotional**, liegt der Traum. Es liegt an euch, ihn mit Gefühl zu umarmen, und hier in all eurer Pracht zu sitzen!

Glaubt ihr, der **Gedanke** lief den ganzen Tag schreiend herum? Glaubt ihr, der urprüngliche **Gedanke** ging flötend über lilienbesäte Felder, Wiegenlieder singend und dachte dabei über die Schöpfung aller Dinge nach? Nein! Er **war** nur.

Ich möchte, daß ihr den Traum, den ihr niedergeschrieben habt, mit Gefühl zu umarmen lernt. Hier könnt hier nicht hocken und den Namen des Traumes immer und immer wieder sagen, bis er zu einem 'Lied' wird. Das bewirkt überhaupt nichts; ihr werdet dadurch nur heiser!

Ich möchte, daß euch bewußt wird, daß ihr der Spieler in eurem eigenen Drama seid.

Ihr werdet der Traum **sein**. Ihr werdet nach innen gehen und in einem Augenblick beginnen, den Traum zu umarmen, indem ihr ihn festhaltet und ihn lebendig erlebt. Mit anderen Worten, ihr werdet in der Emotion zu dem, was ihr euch wünscht.

Wenn ihr gelernt habt, Gold beiseite zu lassen, dann habt ihr eine unbändige und freie Plattform, auf der ihr kreieren könnt, denn nichts in euch wird sagen: "Aber das wird ganz schön viel Geld kosten." Und falls ihr es aber besser wißt und immer noch glaubt, Geld zu brauchen, verdient ihr es, auf die Nase zu fallen, in der Hinsicht, daß ihr nicht fähig seid, den Traum wiederzuerkennen. Wenn ihr jedoch dem Traum emotional folgt, ihn aus Liebe, aus Notwendigkeit, wegen des ICH BIN, wegen des Wunsches, den ihr ersehnt, umarmt, dann **wird** er geschehen.

Was in der Seele mit Gefühl umarmt wird,
kehrt dann in das Zeit-Raum-Kontinuum zurück.
Seine Frequenz wird verringert,
und es wird zu der Realität, die Zukunft genannt wird,
und - in der Tat - Schicksal. So, meine geliebten Meister,
fuktioniert Schöpfung. Wenn ihr glaubt,
euer Leben wäre all die Jahre hindurch ein Irrtum
gewesen, was ist dann mit dem Irren,
der es dazu gemacht hat?

Na? Ihr wißt doch, wie das läuft. "Nichts ist fair, und ich bin immer das Opfer." Ihr habt es erschaffen!

Gott sagt nicht: "Das machst du richtig, und das machst du falsch." Er sagt auch nicht: "Ich werde euch erheben, und gleichzeitig wähle ich, euch zu Fall zu bringen." Gott ist das immerwährende Leben. Gott erlaubt. Gott legt Recht und Unrecht nicht fest. Er erlaubt. Das ist bedingungslose Liebe, und ihr werdet nicht in der Lage sein, euch umzudrehen und in das Gesicht Gottes zu sehen, solange ihr nicht glücklich seid. Erst dann werdet ihr wissen, was ihr anseht. Seht ihr, wie einfach das ist? Diese Erkenntnis kann euch überall begleiten. Dieses Werkzeug der Schöpfung könnt ihr mit euch nehmen, überall hin. Wenn ihr emotional seid, habt ihr den Schlüssel in eurer Hand.

Schaut euch um. Wo seid ihr? Seht den Boden oder den Teppich unter euch, das ist kein Perserteppich. Was ist mit dem Licht in euren Räumen? Eurem Licht entweicht kein Rauch mehr. Es ist alles Imitation - die höchste Form von Schmeichelei. Was ist mit dem Muster eures Lieblingsteppichs? Irgend jemand hatte eine emotionale Einsicht. Er nahm diese Innenschau, malte sie auf Papier und sagte: "Seht euch das an. Ist das nicht ein wunderbares Muster? Würde daraus nicht ein hübscher Teppich werden, auf dem eines Tages ein großartiger Lehrer stehen wird?"

Alles beginnt mit emotionaler Innenschau. Dasselbe gilt für die Elektrizität. Kerzen sind heutzutage veraltet, weil jemand eine Idee hatte, emotional, und folglich 'wurde' sie. Weder gibt es bei euch zuhause irgend etwas, noch kleidet ihr euch mit irgend etwas - sogar wie ihr das Haar kämmt und schneidet -, was bei seiner Erschaffung nicht emotional ist.

Denkt einmal für euch über folgendes nach: Der Traum, der über euch schwebt, ist sozusagen eine Begrenzung. Er ist unerfüllt, voll von Möglichkeiten. Wodurch wird er manifestiert? Indem ihr **emotional zum Traum werdet**. So werdet ihr Gott.

Der erste Schritt ist also Wissen, der zweite ist der Prozeß des Umarmens, und dort beginnt eure Arbeit.

Habt ihr schon einmal den Satz gehört: "Zieht die Schuhe aus, denn ihr steht auf heiligem Boden." Dadurch soll nicht der Boden geschützt werden, sondern es soll der Energie ermöglichen, euch näher zu kommen, und euch gestatten, vollen Nutzen aus dem zu ziehen, was euch der Boden anzubieten hat. Also macht das. Zieht die Schuhe aus, um diesen Prozeß einzuleiten. Was ist mit eurer Kleidung, besonders mit euren Gürteln und allem anderen, was ihr euch umbindet oder was euch einschnürt? Entfernt die Gürtel und alles, was nicht locker ist, denn wenn ihr hier sitzt und leidet, könnt ihr euch nicht frei in den Raum des Ausrichtens hineinbegeben. Nichts soll euch stören.

Es gibt einen Grund, warum ihr lockere Kleidung tragen sollt, wenn ihr dies lernt; Kleidung, die freundlich und weich zu eurem Körper ist.

Legt euren Schmuck ab. Wußtet ihr, daß er die Schwingung der Geschichte eurer Beziehung zu ihm enthält? Wenn ihr euren Schuck ablegt, legt ihr die Vergangenheit ab. Und wenn ihr die Vergangenheit ablegt, gestattet ihr dem Schmuck nicht länger, sich in das einzumischen, was ihr zu diesem Zeitpunkt zu erschaffen bereit seid.

Viele von euch wundern sich, warum sie das Gestern nicht vergessen können. Ihr werdet von eurem Gestern verfolgt. Ihr habt schlechte Träume über das Gestern. Bei der Manifestation solltet ihr an Energie so nackt wie nur möglich sein. Das bedeutet nicht, daß ihr die Kleidung ablegen sollt, nur eure alte Energie und die Geschichte der Vergangenheit.

Nun, haltet einen Augenblick inne und spürt den Platz, wo ihr sitzt. Falls ihr neben anderen sitzt, in einer kollektiven Erfahrung der Anschauung, bedenkt, ob ihr neben einem Wichtigtuer sitzt. Wie fühlt ihr euch da, wo ihr sitzt? Stimmt euch darauf ein. Wenn ihr euch dort nicht wohlfühlt, steht auf und zieht um. Wenn ihr euch von irgend jemandem in eurer Nähe eingeengt fühlt, geht an einen anderen Platz. Wenn derjenige beleidigt ist - das ist sein Traum. Verstanden? Setzt euch aber auch nicht zu dicht aneinander. Wie ich bereits sagte, diesen Prozeß führt man am besten allein durch.

Wichtig ist, daß, wo immer ihr seid, ihr euch wohlfühlt und in der Lage seid, mit dem Traum in euch emotional allein zu sein.

Denkt einen Augenblick über den Traum nach, den ihr aufgeschrieben habt. Was habt ihr aufgeschrieben? Bringt es zurück in euer Bewußtsein. Erinnert euch an die Klarheit, die ihr emfpunden habt, als ihr es aufgeschrieben habt.

Schließt nun eure Augen und begebt euch zu dem Ausgangspunkt, der das 'göttliche Ausrichten auf die Manifestation' genannt wird.

Kennt eure Wünsche. Macht sie euch klar, frei von Verwirrung.

Der Zustand des Wünschens muß sehr klar sein. Sprecht durch den Herrn und Gott eures Seins, denn dies bringt hervor, was von euch Zukunft genannt wird, für das, was als eure Gegenwart bezeichnet wird, für das, was als eure Vergangenheit bezeichnet wird, und damit seid ihr ausgerichtet. In dem Moment, wo ihr ausgerichtet seid, ruft ihr vom Herrn und Gott eures Seins den Traum hervor, ruft hervor, daß er sich machtvoll manifestiere. Es hängt von euch ab: Ihr müßt es tun.

Nun, **habt** die Fantasie, emotional zu eurem Traum zu werden.

Was bedeutet das? Es bedeutet nicht, dazusitzen und zu meditieren! Meditation ist ein monotones Gebet.

Ihr müßt mit geschlossenen Augen sitzen, als wolltet ihr die Realität, die sich hier abzeichnet, aussperren und uneingeschränkte innere Kreativität ermöglichen. Es wird von euch nicht erwartet, hier zu sitzen und über Gott nachzusinnen. Ihr wißt noch nicht wirklich, was Gott ist.

Ich möchte, daß ihr euch auf diese Fantasie ebenso wie auf eure sexuellen Fantasien einlaßt. Ich wünsche, daß ihr euch **so** stark darauf einlaßt.

Ich wünsche, daß ihr zum Traum **werdet**.

Woran erkennt ihr, daß ihr es erreicht habt? Wenn nichts anderes existiert, außer dem, was ihr **innen** fühlt; wenn ihr innen träumen könnt und zu einem großen Schauspieler auf der Bühne des Lebens werdet, der seine Rolle mit der Vortrefflichkeit seines Berufes spielt, indem er zu der Sache vollständig **wird**. Ihr werdet wissen, wann es geschieht, denn nichts anderes wird existieren, alles andere ist ausgesperrt.

Euer Blutkreislauf verlangsamt sich, und eure Atmung wird sich vertiefen. Die Temperatur in eurem Körper wird sich verändern. Wenn sich die Temperatur ändert, ändert sich auch die Frequenz.

Wenn das alles geschieht, dann seid ihr da.

Wenn das Lachen inmitten eines ersehnten Traums
aus der Seele erklingt, dann wißt ihr,
daß ihr den Traum erschaffen habt.
Wenn Freude derartig erlebt wird, daß sie hörbar
ausgedrückt wird und sie euch verschlingt,
dann gehört der Traum euch.
In diesem Augenblick verläßt er euch.
Das ist der Orgasmus der Schöpfung.

Wenn der Traum euch verläßt, fühlt ihr euch schwach. In diesem

Moment durchläuft er die Zeit, um - durch den Prozeß - euer Schicksal zu erschaffen und zu entwickeln.

Und wenn ihr die elementaren Prozesse durchlaufen habt, dann wird die Zeit kommen, in der ihr keine Spuren hinterlaßt. Eine Zeit, in der das, was ihr sagt, augenblicklich zum Gesetz wird. Eine Zeit, in der das, was ihr fühlt, **ist**, eine Zeit, in der es augenblicklich **wird**.

Wunder sind die Folgen einer Schöpfung.

Und eines Tages werdet ihr nicht mehr sitzen und durch den Herrn und Gott eures Seins ‘umarmen’, denn ihr werdet der Herr und Gott eures Seins **sein**. Ihr gelangt dorthin, wenn ihr den Traum durchlaufen habt. Und dann werdet ihr wie ein Christus gehen, dann wird alles nur **sein**, und die Macht wird mit euch gehen.

Nun, einige von euch werden sich bemühen, dies zu tun, jedoch werdet ihr mittendrin aufhören und euch fragen, was die Leute sagen würden, wenn sie euch sehen könnten. Und diejenigen von euch, die in Gruppen arbeiten, werden sich fragen, was derjenige neben euch gerade denkt und ob er schneller als ihr dort ankommt. Und andere von euch werden nirgendwo ankommen, denn ihr macht euch zu viele Sorgen darüber, wie ihr ausseht, während ihr es macht. Wenn es euch hilft, denkt über dies hier nach: Die Person, die euch hinten auf den Kopf sieht, hat jemanden, der ihr hinten auf den Kopf sieht.

Und falls ihr den Augenblick der Ekstase erreicht und vor Glückseligkeit eures Gefühls laut zu schreien wagt und aufhört und sagt: “Was werden sie von mir denken?” - dann werdet ihr es verlieren. Dann müßt ihr nochmals hineingehen und es wieder erschaffen, bis ihr es besitzt.

Ich sehe ein, daß einige unter euch sind, die es einfach nicht begreifen; es ist vollkommen an euch vorbeigerauscht, denn ihr denkt ununterbrochen: “Kümmere dich nicht um den Prozeß; ich werde sowieso nur das bekommen, was ich schon immer erhalten habe.” Und das werdet ihr!

Aber für diejenigen unter euch, die sich wünschen, die Freiheit zu kennen: So gelangt ihr dorthin.

Also los!

Erinnert euch an den Traum. Bringt ihn hervor.
Schließt die Augen. Atmet! Tief! Erschafft neue Luft!
Zu Beginn sprecht dieses Gebet und dann lebt den Traum!

VOM HERRN UND GOTT MEINES SEINS
FÜR DEN VATER IN MIR,
IN DIESER STUNDE:
KOMM HERVOR
RICHTE DICH AUS!
KOMM HERVOR
MIT MACHT!
KOMM HERVOR
MANIFESTIERE DICH!
KOMM HERVOR
WERDE GESETZ!
IN DIESEM AUGENBLICK
FÜR DEN VATER IN MIR
LEGE ICH ZEUGNIS AB
VON MEINER SCHÖPFUNG
ZUR EHRE GOTTES, DES VATERS
DER ALLES IST
DAS ALLES
AUF IMMER
UND EWIG
UND EWIG.
SO SEI ES!

Seht das Bild eures Traumes! Umarmt ihn! Lebt ihn! Nehmt ihn in Besitz! Erlaubt ihn!

Wenn ihr wüßtet, daß ab morgen alles, was ihr euch gewünscht habt, euch gehört, wie würdet ihr euch fühlen? Genau mit dieser Intensität manifestiert ihr!

Was wäre, wenn ich euch sagen würde, daß sich euer Traum mit der Intensität verwirklicht, mit der ihr ihn umarmt habt? Ich hoffe, ihr versteht das, denn genauso wird es sein! So sei es!

Bittet nicht um Geld, um eure Familie zu ernähren. Bittet um das Brot.

Dies ist eine großartige Lehre, die ihre eigene Prüfung verkörpert. Wenn ihr akzeptiert, daß euer Traum eine Begrenzung ist, und ihr akzeptiert, daß er verwirklicht werden kann, werdet ihr dann reagieren?

Welches Gefühl ihr auch über eure Wünsche habt, es ist das Gefühl, das ihr in dem von euch erschaffenen Schauspiel manifestiert.

Das ist wichtig. Denkt darüber eine zeitlang nach.

Wenn ihr den Traum manifestiert und dann sagt: "Wieso empfinde ich keine Freude?" dann geschieht das, weil ihr ihn nicht mit Freude erschaffen habt. Ihr könnt den Traum zwar vielleicht manifestieren, doch ihr werdet euch fragen, wohin die Freude gegangen ist. Wenn der Traum intensiv, konzentriert und mit derselben Emotion umarmt wird, die ihr fühlen wollt, wenn er sich verwirklicht, dann rechnet damit, daß dieselbe Energie dieselben Resultate manifestiert.

Da ihr dies nun wißt, wollt ihr sicherlich ein zweite Chance, um zu manifestieren. Richtig?

Es ist etwas Wunderbares, den Schlüssel zum Öffnen der Tür in den Händen zu halten. Das Königreich des Himmels ist wahrlich eine der Möglichkeiten und es ist ein unbegrenztes Verstehen. Und wenn ihr einseht, daß die Emotion die Tür aufschließt, möchte ich wetten, daß ihr bei eurem nächsten Versuch die Erfahrung intensiver **empfinden** werdet, hmm?

Um den Traum zu umarmen, müßt ihr ihn so intensiv, wie ihr ihn haben wollt erleben. Denn die Emotion verleiht der Manifestation Herrschaft und Gesetz - um es so einfach wie möglich auszudrücken.

Also wollen wir es wiederholen - **mit Gefühl**!

Wenn ihr müde seid, geht zu Bett. Wenn ihr hungrig seid, eßt. Wenn ihr bereit seid, euer Schicksal zu erschaffen, dann laßt uns anfangen.

Ihr wißt nunmehr, wie ihr anfangen müßt. Spielt laute Musik, wenn es euch hilft, andere Störungen auszuschließen. Bringt den Traum hervor. Prägt ihn euch in euer Gedächtnis ein. Besetzt die Rollen oder beobachtet, wie die Charaktere auftauchen, wenn ihr den Traum beginnt. Schließt die Augen. Seid aufmerksam währenddessen. Was möchtet ihr fühlen, wenn der Traum wahr wird? Benutzt eure Stimme. Zeit existiert hierbei nicht; vergeßt eure Bedenken wegen der Zeit. Ihr müßt den Traum umarmen, denn in der Umarmung existiert keine Zeit. Erst wenn der Traum sich manifestiert, kommt Zeit ins Spiel. Geht zurück und macht es voller Intensität, bis ihr den Traum in Besitz genommen habt.

Ich liebe euch. Nun, stellt euch den Traum bildlich vor. Leuchtet ihn aus. Fühlt ihn.

Wenn der Traum euch losläßt und ihr fühlt, daß ihr mit ihm fertig seid, dann sagt mit Bedeutung "So sei es", und wisset, daß er euch gehört.

So sei es.

Nun, erhebt auf euch selbst das Glas, welches mit Wasser gefüllt ist und einer dünnen Scheibe Zitrone darin - ich nenne es 'das bittere Wasscr'.

AUF DIE WUNDER!

Ruft es hervor:

VOM HERRN-UND-GOTT
MEINES SEINS -
ES IST GESETZ!
SO SEI ES!

"Wenn Wahrheit etwas wäre, was man aus Büchern lernen könnte, hätte es jemand bereits vor langer Zeit niedergeschrieben."

Trick of Light

Grenzenlose Wahrheit hat keine Worte

Wie viele Worte müssen aus meinen Munde strömen, um euch die Einfachheit aller schöpferischen Kraft erkennen zu lassen? Es ist die Emotion in euch. Was braucht man dazu? Seid ihr so intellektuell, daß ihr euch nur von Worten ernährt? Seid ihr nichts anderes als ein Mathematiker: Alles muß sich summieren lassen?

Ich werde tun, was notwendig ist, um euch dazu zu veranlassen, die zur Verfügung stehenden Möglichkeiten zu ergreifen. Unbegrenzte Wahrheit hat keine Worte, denn wenn sie ausgesprochen werden kann, dann ist sie begrenzt. Sie ist nicht, was ich gesagt habe. Sie ist nicht, was ich sage. Sie ist, was ich nicht sage. Das ist das Licht.

Was soll ich sagen, damit ihr mit **euch** in Kontakt kommt, damit ihr in das Gefühl hineinkommt? Was kann ich **sagen**, um das für euch zu erreichen? Es gibt nichts.

Wie soll ich euch sagen: Berührt den Saum eures Gewandes und fühlt, wie die Kraft sich in eure Seele senkt!? Ihr müßt mit **euch** in Kontakt sein - mit keinem anderen. Das ist der einzige Weg, um zu erkennen, woher Realität stammt.

Ihr seid großartige Götter. Ihr seid menschliche Wesenheiten, die in Licht wandeln. Hört dies: Die Stimme Gottes ist nicht der Klang poetischer Worte. Sie ist die Liebe. Sie ist die Emotion. Sie ist das Gefühl. Und laut ertönt der Widerhall der Wahrheit, wenn ihr sie berührt.

Ihr seid auf immer emotionale Wesenheiten; das seid ihr. Und aus gutem Grund. Der größte Teil eures physischen Körpers ist eine wässrige Substanz. Die Seele und die Substanz des Geistes (*spirit)* ist die Emotion. Und Emotion ist einfach der GEDANKE GOTTES, von einem emotionalen Körper aufgenommen, und Geist (*spirit*) und Seele behausen den Gedanken.

Licht! Woher - glaubt ihr - kommt das Licht? Licht ist der Gedanke, der über sich selbst nachdachte, und durch die Betrachtung seiner selbst gebar er die Emotion. Emotion ist Licht.

Was ich nicht gesagt habe, müßt ihr zu fühlen wagen. Welche Stimme ist es, die in der Wildnis ruft? Es ist kein anderes Wesen, wie viele von euch vermuten. Es sind nicht eure Geistführer. Es sind nicht eure Lehrer. Werdet erwachsen!

Die gewaltige Stimme, die zu euch spricht, ist die Emotion in euch.

Sie ist der ursprüngliche Gedanke, der umarmt wurde. Sie ist die Quelle der Liebe Gottes durch das Gefühl. Emotion. Das kann ich euch nicht lehren. Ich kann sie nicht in Worte fassen. Ich kann sie lediglich euch zufließen lassen.

Es geht um das, was ich nicht sage. Es ist das, was ich für euch empfinde. Es ist der Wind, es sind die Boten, die euch lehren; das Wissen, das Gefühl. Das ist die Stimme in der Wildnis, und ihr ignoriert sie.

Um intellektuell zu sein, müßt ihr emotionslos werden. Ihr werdet gottlos und lebt nie wirklich.

Emotion. Welche Leidenschaft brennt in ihr? Es ist der Heilige Geist (*Holy Spirit*). Es ist der Heilige "Geist" (*Holy Ghost*). Wenn ihr das Feuer der Emotion berührt, dann seid ihr auf den Heiligen "Geist" ausgerichtet. Was ist der Heilige "Geist"? Er ist der Geist (*spirit*) eures Seins. Er ist die Verbundenheit mit dem inneren Licht.

Wißt ihr denn nicht, das alles, was euch umgibt, durch die emotionale Umarmung eines Ideals entstand? Alles. Eure Kleidung, eure Autos, eure Marotten. Alles um euch. Wie könnt ihr eure Augen öffnen und den SCHÖPFER sehen und es nicht wagen, Emotion zu empfinden?

Was redet ihr über euren Nachbarn? Fällt kein Urteil über ihn! Laßt ihn in Ruhe! Erlaubt ihm zu sein! Und wenn die ganze Welt mit Steinen nach euch wirft - na und?! Erlaubt ihnen zu sein. Solange ihr eure Wahrheit **in euch** festhaltet, kann euch nichts verletzen. Das ist

Wahrheit ohne Makel. Eure Wahrheit zu leben, ist Emotion, ist Macht.

Aber lebt ihr so? Nein. Ihr erzittert, wenn die Person in eurer Nähe vor lauter Freude über ihr Dasein in der Wildnis brüllt. Diese Menschen leben ihren Traum. Sie befinden sich inmitten eines Feuers, das umarmt wird. Sie erleben die Fantasie emotional, und wenn sie es herausschreien, dann kichert und lacht ihr und werdet rot. Ihr schämt euch für sie! Wehl euch! Ihr seid gottlos, denn Leben ohne Emotion ist nicht Leben.

Seit zehn Jahren lautet das Vermächtnis: **"Sehet Gott! Der Vater und ihr seid eins. Das Königreich des Himmels liegt in euch."** Dadurch öffnet ihr euch und nehmt die Welt wahr. Das ist Gesetz. Und wenn euer Nachbar darin Schönheit erblickte und ihr es als einen großen Irrtum anseht, gut, so sei es.

Die Worte haben sich nie geändert; nur dieses Ritual ist neu.

Wißt ihr nicht, daß eine Zelle **fühlt**? Wißt ihr nicht, daß ein Baum **fühlt**? Er streckt sich dem Licht entgegen. Seine Intelligenz ist groß. Wißt ihr nicht, daß ein Felsen **fühlt**? Er hat Emotionen. Ohne Emotionen würde es keinen zu Materie verdichteten Gedanken geben. Seine Existenz beweist, daß er Emotionen hat. Physik!

Alles lebt. Alles ist ein lebender Organismus. Emotion bestimmt das Leben. Und auf die eine oder andere Weise wurde alles zu einem lebenden, atmenden Organismus. Wer liebte all dies so sehr, wer umarmte es so stark, daß es hervorgebracht wurde? Gott der Vater. Der reine Gedanke - umarmt!

Ihr wollt reich sein? Ihr wollt euer eigenes Land haben? Ihr wollt euren eigenen Lebensmittelvorrat haben? Ihr wollt **wissen**? Ihr wollt einen neuen Wagen? Einen besseren Job? Ihr wollt Ruhm? Ehre? Ihr wollt die Mittel zum Überleben? Ihr wollt bewahrt und erhalten werden? So sei es!

Wenn ihr das emotionale Selbst berührt, dann erschafft es alles.

Und wenn ihr das wirklich versteht und damit beginnt, werdet ihr den Traum durchleben und sehr schnell auf seiner anderen Seite wieder herauskommen. Es ist alles euer! Und was könntet ihr fürchten? Ihr werdet aus dem gesellschaftlichen Bewußtsein herausgetreten sein, und wäre das so schlecht? Gesellschaftliches Bewußtsein ist intellektuell; es ist nicht emotional. Ihr hättet das Jammern hinter euch gelassen, die Armut, das Elend, den Hunger, die Berufsrevolutionäre, die wegen Geldes und nicht aus eigenem Antrieb existieren. Es ist kein Fehler, aus dem gesellschaftlichen Bewußtsein herauszutreten.

Wenn ihr so viel getan habt, warum habt ihr dann nicht alles? Weil ihr diese Lehre nur bis zu dem Punkt angenommen habt, an dem es euch zur Ehre gereichte oder es innerhalb eures 'Gehäuses' funktioniert hat! Und das Gehäuse ist das System! Ihr kennt das System: Es ist der Ort, an dem man Gold anhäufen muß, damit man die Macht hat, alle anderen zu regieren.

Ich werde euch sagen, was ihr seid, solange ihr euch im gesellschaftlichen Bewußtsein befindet.

Ihr seid der Mob auf den Straßen, der regiert wird. Wenn ihr diese Lehre in eine Kiste steckt, die das System ist, funktioniert sie nicht. Wenn ihr jedoch aus der Kiste tretet, zur Erlangung eurer Freiheit an ihr vorbeigeht, wenn ihr dem Unterdrücker umgeht, dann habt ihr alles!

*Die einzige Art, wie ihr es, ohne zu kaufen,
erhalten könnt, ist, es zu fühlen.
Dann gehört es euch.*

Dann kommt es aus vielen Quellen. Es wird viele Boten geben. Viele Türen werden sich öffnen, und viele Möglichkeiten werden sich bieten, und alle werden großartig sein.

Gott ist nicht düster. Es bedeutet nicht, daß Gott grimmig ist, bloß weil weder der purpurfarbene Himmel um Mitternacht noch die silberne Mondsichel, die am Himmel steht, unmittelbar zu euch spricht. Ja, Freude hält den Himmel oben. Wenn es keine Freude gäbe, wäre nichts am Himmel. Freude heißt Leben. Jeder Stern um Mitternacht bedeutet Freude, denn durch Freude lebt er.

Was ist das Leben? Explodierende Gase, finden sich zusammen und ihre Reibung läßt die Sterne sein. Es sind die Liebe und Freude, die sie entstehen lassen.

Gott ist nicht düster. Gott ist das Rollen des Donners. Lachen. Freude.

Wenn ihr euch einer Manifestation in düsterer Stimmung angeht, werdet ihr sie verlieren, es sei denn, ihr wollt, daß sich ein Wunder als Hemmschuh entpuppt! Habt ihr das verstanden?

Ihr seid dem Begreifen all dieser Worte bereits so nah, daß ihr es berühren könnt. Wenn euch die Erkenntnis kommt und ihr das Wissen aufnehmt, daß das Geld nicht euch gehört, da ihr nicht diejenigen seid, die es herausgebracht haben, weil das Papier jemand anderem gehört, wenn ihr euch darüber im klaren seid, dann **besitzt** ihr das Wissen! Und wenn ihr dies empfinden könnt, wenn ihr ein emotionales Wesen seid und das Wissen in das Gefühl hereinnehmt, dann besitzt ihr alles. Alles.

Bittet nicht um Geld, um eure Familie zu ernähren. Bittet um Brot. Und wenn ihr das Brot erhaltet, sagt: "Ich bin satt," versteht ihr? So wird es zum Gesetz.

Seht ihr, wenn ihr sagt: "Ich möchte wissen; ich will es ernsthaft" und eure Worte entsprechen eurem Gefühl, dann ist es so. Dann lernt ihr. Dann kann ich euch unterrichten. Dann kann ich euch an den Punkt bringen, an dem alles zusammenkommt. Und ihr könnt befreit weggehen. **"ICH BIN. ICH BIN. Der Vater in mir und ich sind EINS."** Das ist das Ziel.

“Wenn ich dir irgendetwas geben könnte,
wäre es die Fähigkeit, an nichts zu denken...
die Wahrheit einfach unmittelbar zu empfangen ohne,
sie erst zu zer-denken.”
“Aber alles scheint so seltsam - diese Idee,
daß die Welt eine Illusion sei,
die ich verscheuchen sollte.”
“Die ‘Illusion´ ist wie ein phantastischer Zaubertrick.
Sie ist das Licht Gottes, welches durch das Prisma
unserer Glaubenssätze und Ängste fällt,
dann gebrochen wird und sich zu all den Linien,
Farben, Schattierungen, Mustern,Tönen und Gerüchen
des physikalischen Universums formt.
Nur Licht ist real.
Der Rest ist nur ... Ein Trick des Lichts. “

Trick of the Light

Euch zu lehren, es euch zu eigen zu machen - das ist der Trick

Die Welt wird mich nie verstehen, denn die Welt, so wie sie jetzt ist, schwingt sich auf das Negative ein.

Die Welt wird nie und nimmer die Souveränität einer Wesenheit begreifen, denn die Welt ist selbst ein Eigentum. Die Welt wird nie Gott erkennen und die Einzigartigkeit des Selbst verstehen, den lebenden Organismus der Erde, denn eure Welt ist gekauft und sie wird bezahlt, wenigstens für die Zeitspanne eines Lebens.

Ich bin jedoch hier, um euch Souveränität zu lehren. Werdet ihr sagen: "Das ist aber unorthodox. Es ist verwirrend!" Was ist euch lieber: verwirrend oder hungrig zu sein? Trefft die Wahl! Wenn es unorthodox ist, dann ist es auch unbegrenzt.

Der Trick ist, euch zu lehren, wie ihr es euch zu eigen macht sodaß ihr eurer Welt ein Licht sein könnt;,damit ihr wißt, was es heißt zu sagen: "Gott und ich sind ein und dasselbe", und daß diese Aussage eine Bedeutung hat. Wenn ihr es euch aneignet, könnt ihr in den Tagen, die in der Zukunft liegen, in Ruhe und Frieden leben, mehr als ihr es euch vorstellen könnt. Wenn ihr es euch aneignet, werdet ihr sehen, wie die Sanftmütigen das Königreich erben, das die Tyrannen hinterlassen haben. Und wenn ihr es euch aneignet, dann habt ihr das Genie, um neu zu erschaffen.

Wenn ihr jedoch nicht emotional seid, werdet ihr nie diese Genialität besitzen.

Was glaubt ihr denn, woher die großen neuen Geister kommen sollen? **Von euch**.

Wenn ihr auch unorthodox seid und wenn ich auch unglaublich bin, so funktioniert es doch. Emotion und Gefühl.

Ihr sitzt da und lest diese Information. Wenn ihr dabei wart und meine Anordungen befolgt habt, hattet ihr eine tolle Zeit. Ihr erinnert euch nicht unbedingt an die Worte, nichtsdestoweniger war sie toll. Irgend etwas wie "Auf das Leben! und von Gott" und all das. Ihr habt vieles gelesen, das einen Sinn ergibt. Ich habe ein, zwei Schimpfwörter benutzt und ihr habt gekichert. (Es sind keine schmutzigen Worte. Ein Esel ist ein Esel! Er ist lebendig.)

Ihr habt zugehört; einiges hat eure Aufmerksamkeit gefesselt, und daher wollt ihr mehr wissen. Und euer Gehirn fängt an zu denken; es steckt nicht mehr in der Mottenkiste. Und wenn ihr euch auf den Boden gesetzt und aufrichtig erwartet habt, daß etwas Großartiges geschieht, nun, denn gescheh es auch. In der Tat!

Ihr könnt nicht zuerst "Vom Herrn und Gott meines Seins" sagen und dann fragen: "Was hab ich gesagt?" Ihr könnt nicht sagen: "Vom Herrn und Gott meines Seins: Würdest du mir etwas leihen?" Das ist eine ziemliche Heuchelei.

Bewirkt, daß es geschieht! Bewirkt , daß es geschieht.

Das Wunder bewirken

Nun, erinnert ihr euch, daß ich sagte, eure Wünsche liegen in der Zukunft, euer Gefühl ist im Jetzt und euer Körper in der Vergangenheit? Gut, es laufen folglich viele von euch mit alten Körpern herum und ihr fühlt euch jung dabei. Seht ihr, euer Körper reagiert auf eure Auffassung darüber, wie er zu sein hat. Ihr habt ihn zu dem gemacht, was er ist. Mit anderen Worten, ihr habt erwartet zu altern, also seid ihr gealtert.

Auf der physischen Ebene ereignet sich alles mit einer zeitlichen Verzögerung. Wir wollen dies einmal analysieren. Ihr nehmt den Traum, der **irgendwo da draußen** zart in der Zukunft liegt, und bringt ihn **hier herein**, nach innen. Und ihr nehmt das emotionale Selbst, welches das immerwährende Jetzt ist, und umarmt es im Körper. Und der Körper, der brüllte, zitterte, schwitzte, tief einatmete, weinte, aufschrie, fühlte und klatschte, war der Körper der Vergangenheit.

Es ist die Frage, wie das, was ihr Zeit nennt, begrifflich gefaßt wird. Die Zeit muß Fangen spielen, damit sich das Wunder ereignen kann.

Wenn der Körper jedoch am Manifestationsprozeß beteiligt ist, herrscht in dem Augenblick, wenn er zum absoluten **Jetzt** wird, eine exakte Ausrichtung. Alles ist dann in einem Brennpunkt gesammelt. Wenn ihr wie ein Mensch manifestiert, der über eine geschlechtliche Vereinigung phantasiert, reagiert der Körper augenblicklich. Das ist ein Wunder. Das ist eine Manifestation des Gefühls.

Wenn der Körper tatsächlich auf die Freude reagiert, dann verläßt euch der Traum. Er muß sich in der Zeit manifestieren, um sich zu verdichten, damit sich morgen das Schicksal eurer Zeit automatisch zu verändern beginnt. Dann wißt ihr, daß ihr gewonnen habt.

Im Zeitfluß

Durch Sitzen und Meditation ereignet sich nichts. Dadurch seid ihr in Kontakt, na gut. Ihr wißt, daß ihr lebt; ihr atmet; ihr setzt euch hin und meditiert. Das bringt Frieden, denn wenn ihr während der Meditation Frieden ersehnt, erhaltet ihr ihn. Manifestation jedoch ist Emotion - reine Emotion. Und wenn ihr bloß dasitzt und - weil ihr am Herkömmlichen festhaltet - lediglich sagt: “Ich besitze es, es ist mein, so sei es,” wird dies nichts bewirken. Ihr werdet unglaublich aufschreien und sagen: “Wieso ist nichts geschehen? Das hier funktioniert nicht.” Na gut, wenn es nicht funktioniert, wie erklärt ihr euch dann, daß die Genialität eures Bruders erblüht? Körper, Seele, Geist und Verstand **müssen** zusammenkommen.

Betrachten wir einmal genauer euer Zeitkonzept: $E = mc^2$. Ich will euch erzählen, wie Zeit entstand.

In jedem Augenblick, in dem ihr euch aus dem **Jetzt** entfernt, befindet ihr euch in einem Zeitfluß. Als sich das Licht zum erstenmal vom Gedanken wegbewegte, entstand Zeit; denn als sich das Licht vom Gedanken entfernte, verlangsamte es sich. Und während es langsamer wurde, verlangsamte sich seine Frequenz bis es sich zu fester Materie verdichtete.

Zeit ist notwendig, damit das, was ihr erschaffen habt, euch verlassen kann und sozusagen durch die Zeit bis in die verdichtete Materie **fallen** kann. Je mehr sich Emotion verlangsamt, umso schneller wird sie zu Materie. Das ist das mathematische Gesetz. Und darauf gründet sich das Schicksal, welches Zukunft genannt wird. Ich will euch folgendes sagen. Es gibt etwas, was ihr mit Bestimmtheit wißt: Eure Zukunft existiert und sei es allein wegen des Traums, den ihr heute manifistiert habt. Kraft des Gesetzes muß es geschehen! So sei es.

Na ja, wie wollt ihr mir sonst erklären, daß das nächste Jahr kommen wird? Wollt ihr mir einen Kalender zeigen? Verschont mich damit. Wollt ihr mir etwa sagen: “Weil ich dann Geburtstag habe?”

Die Zukunft kann wissenschaftlich nicht bewiesen werden. Die Zukunft ist reine Vermutung. Das Schicksal, welches bestimmt wurde, läßt die Zukunft entstehen. Und eure Manifestation des Traumes hat das Schicksal bestimmt, ganz sicher; es befindet sich bereits im Prozeß des Werdens.

Wenn ihr auf den Kalender schaut, nennt er euch das Jahr. Und vielleicht gibt es sogar Bilder, die euch versichern, daß der Winter in der Tat kommen wird. Für euch gibt es keine Möglichkeit, auf eine andere Art zu wissen, daß die Zukunft existiert. Wenn ihr jedoch emotional die Herrschaft übernehmt, muß alles, was ihr mit Absicht verfügt, eintreffen. So wird die Zukunft in Gang gehalten.

Darauf solltet ihr trinken.

AUF DAS JETZT!
AUF IMMER
UND EWIG
UND EWIG.
SO SEI ES!

Ihr seid nur wieder einmal in eurer alten Kiste um die Ecke gegangen

Da ihr jetzt Emotion besser versteht, wollen wir noch einmal auf den Prozeß zurückkommen. Erinnert ihr euch an den ersten Traum? Jetzt gehört er euch. Aber was habt ihr mit der zweiten Sache auf eurer Liste gemacht? Steht da überhaupt eine? Oder habt ihr euren ersten Traum so aufgeschrieben, daß er alles, was ihr euch je gewünscht habt, enthält? Wenn ihr das getan habt, dann habt ihr euch selbst reingelegt. Was wird die menschliche Natur machen, wenn ihr all eure Träume erschaffen habt? Ihr werdet natürlich einen anderen erschaffen. Das nennt man Evolution.

Einige von euch stehen unter einem ***begrenzten Gedanken****, so nenne ich es.*
In Wirklichkeit denkt ihr, daß es nicht geschehen kann, und daher geschieht es nicht.

Einige von euch sitzen da und richten sich aus und machen den ganzen Kram, doch wenn ihr eure Augen öffnet und in den Spiegel blickt, seht ihr immer dasselbe Gesicht. Nichts ist geschehen. Ihr sitzt hier und wünscht und träumt und umarmt emotional, und ihr fühlt euch sogar so, als würdet ihr in den Wolken schweben. Und ihr wißt genau, es wird schon besser werden - es sei denn, daß innerhalb einer halben Stunde nichts besser geworden ist, dann sagt ihr: “Dieser Kram funktioniert nicht.”

Wißt ihr, wieso es für euch nicht funktioniert? Weil Unwissenheit um sich greift. Alles was ihr auf dieser Ebene gelernt habt, war eine starke Begrenzung, denn auf dieser Ebene kannte niemand die Wahrheit darüber, wie es tatsächlich funktioniert. Ihr habt nur Rituale erhalten. Und was hat es euch gebracht, nur die halbe Wahrheit zu verstehen? Ihr verbrachtet längere Zeiten des Leidens, der Ehelosigkeit, des Fastens, des Chantens, Zeiten mit Führern, Geistern, Ektoplasma, Lehrern, Channels (echten und unechten) und mit Büchern. Sogar mit den großartigsten Titeln: **‘Wie werde ich Gott in 30 Tagen’,**

'Freude durch außerkörperliche Erfahrung', herausgegeben von 'Ich-bin-fort'.

Seht ihr, wieso es soviel Müll gibt? Alles, was in der materiellen Welt für euch von Wert war, wurde durch das Anhäufen von Gold erschaffen; das wiederum führt zu der Macht, andere zu versklaven. Weil Menschen in diesem Bewußtsein lebten, wußte es niemand besser. Seht ihr nicht? Bringt es heim, nach innen, **wo die Wahrheit hingehört**.

Wenn ihr Souveränität erlangt habt, dann gehört ihr niemandem mehr. Wenn ihr jedoch ohne Rang seid, und ihr seid keine Royalisten, und ihr Klassenprobleme habt, dann kann man euch besitzen, manipulieren und um der großen Ziele willen an der Nase herumführen, Ziele, die nicht über diese Erde hinausreichen.

Neue Informationen zu erhalten, heißt, daß ihr euch alles ansehen müßt, was ihr katalogisiert habt. "Oh, das kann ich nicht. Ich hab' nicht den Durchblick. Einige werden damit geboren, aber nicht ich. Vermutlich hängt viel mit dem Karma zusammen."

Karma ist eine Begrenzung. Karma ist eine sexistische Begrenzung. Karma ist eine Begrenzung der Klassen. Es erhebt einige und andere zerstört es. Es existiert nicht.

Euch wurden kleine Häppchen zugeworfen, und ihr habt sie gierig verschlungen. Ihr schlagt euch mit ihnen herum, aber sie funktionieren nicht. Und doch erzählt ihr euren Freunden, daß sich euer Leben aufgrund eurer neuesten Einsicht verändert habe. Nun ja, ich würde mich schämen, ein derartiges Kompliment anzunehmen, denn wohin habt ihr euch verändert? Ihr seid nur in der gleichen alten Kiste um die Ecke gegangen. Ihr seht das Zimmer nur aus einer anderen Perspektive.

Niemand machte sich ein vollständiges Bild, weil es zu einfach war. Wißt ihr, daß ihr es im Handumdrehen besitzen könnt?

"Aber meine Erfahrung war, daß die Gegenwart wie ein Trichter ist, der scheinbar immer enger wird, wenn man sich ihm nähert; und daß es den Anschein hat, als befinde sich an seinem äußersten Ende eine Öffnung von Licht, klein wie ein Nadelöhr. Doch je mehr du dich der winzigen Trichteröffnung näherst, desto größer wird das Lichtloch, bis du schließlich, wenn du die Öffung erreicht hast, bemerkst, daß der Trichter lediglich eine Schwelle zum unendlichen Jetzt bildet - einem Moment, der nicht nur größer als Vergangenheit und Zukunft ist, sondern beide auch faktisch ***enthält****."*

Trick of the Light

Sei der Traum

Ihr braucht ein Grundwissen, das euch hilft, Naturwissenschaften und Mathematik zu verstehen.

Zeit basiert auf Lichtgeschwindigkeit. Die Geschwindigkeit des Lichts, mit der es sich von einem Punkt zu einem anderen bewegt, definiert Zeit. Wenn ihr auf diese Weise kreiert, muß eure Schöpfung aus dem ätherischen, emotionalen Körper herausgehen, damit sie zum Schicksal wird; sie kommt dann in einen Zeitfluß jenseits von euch und bewegt sich dann in einer Spirale, um zu werden, um zu geschehen.

Aber wo ist die Freude? Ihr habt sie gerade für euch angelegt.

Geduld ist eine Tugend. Haltet euch an der Geduld fest und versteht, was Zeit ist. Jedesmal wenn ein Traum zu euch kommt, werdet ihr in einen weiteren eintreten, und ihr werdet entdecken, daß ihr froh und voll Freude seid. Ihr werdet euch selbst besser lieben, weil endlich etwas geschieht. Ihr werdet euch eurer Schöpfung bewußt. Ihr seid es wert! Gott hält euch wirklich für fantastisch.

Jedesmal wenn ihr manifestiert, werdet ihr zum nächsten Traum voranschreiten und dann zum nächsten. Ihr werdet entdecken, daß ihr transzendiert, daß ihr auslöscht, daß ihr alle Begrenzungen annehmt. Ihr meistert sie.

Wißt ihr nicht, daß Meisterschaft 'den Traum meistern' bedeutet? Es bedeutet nicht, den Traum zu unterdrücken, es bedeutet der Traum zu **sein**. So reinigt ihr die Decks, um Christus zu sein. Je mehr ihr umarmt, umso näher kommt ihr ans Ziel, umso machtvoller werdet ihr, und im nächsten Augenblick existiert es, weil ihr nicht länger mit euren Worten und euren Emotionen heuchelt.

Eure Emotionen **sind** die Wahrheit. Sie sind das Makellose. Lernt zu sagen: “Ich werde keine Kompromisse eingehen. Es ist nicht in mir, Kompromisse zu machen. ICH BIN, was ICH BIN. Was ich sage, BIN ICH; und für den Herrn und Gott meines Seins bin ich reine Emotion, die in den Gedanken zurückkehrt.”

Wenn man bei seinen Gefühlen heuchelt, lebt man in der Dualität, und dies führt zu Lügen, die Trauer und Verwirrung ausbrüten. Was ist Verwirrung? Sie ist die Reflexion des dualen Selbst, **hier** - in euch. Ein Heuchler ist jemand, der das eine sagt und emotional etwas anderes ist. Seid ohne Makel. Welches Urteil der Welt ist es schließlich wert, daß es euch von der Makellosigkeit fernhält, die euch in das Licht zurückführen wird? Wieso kümmert ihr euch um die Welt und um ihre Meinung?

Die Welt zu lieben und der Welt zu erlauben,
das ist Gnade und das ist Makellosigkeit;
jedoch der zu sein, der ihr seid,
das ist Gott.

Hier geht es nicht um Märtyrertum. Es geht um die Änderung eurer Werte. Welchen Wert könnt ihr dem Wissen, wie man erschafft, beimessen? Dem Wissen, wie man das Licht erringt? Wie man machtvoll wird? Oder wie man Gott ist? Das erfordert Makellosigkeit.

Meine Tochter* hat etwas Schwieriges gelernt. Sie ist ihren Träumen gegenüber makellos. Sie hat gelernt das zu sein, was sie während der Umarmung ist.

Ihr müßt in eurem Traum vom Freisein das leben, was ihr **in euch** seid, und nicht das, von dem andere behaupten, wie ihr zu sein habt. Habt die Geduld zu verstehen, habt den Genius, die Wissenschaft der Dinge zu erkennen. Und alles, was ihr je wolltet, alles, was euch je davon abhielt, das Rad des Lebens weiterzudrehen, alles, wonach es euch gelüstet, wonach ihr hungert, und was ihr braucht, all das werdet ihr haben.

Das ist der Weg der Freude. Er führt euch heim. Habt Geduld. Nehmt an, was ihr heute gelernt habt. Redet darüber nicht mit anderen.

Seid ohne Makel zu euren Emotionen. Sobald ihr die Dinge, die ihr umarmt habt, mit denen eines anderen vergleicht, werdet ihr euch fragen, ob ihr genug verlangt habt oder ob ihr vielleicht zuviel verlangt habt. Und ihr wißt, wie die Leute reagieren, wenn man zuviel hat. Sie mögen einen nicht. Fragt meine Tochter!

Nehmt es in Besitz. Führt es bis zum Ende durch, als wäre es der Brennpunkt eines Magneten - der Teil, an dem er weder positiv noch negativ ist. Nehmt es in Besitz! Führt es durch, bis zur Erfüllung. Und wenn es sich manifestiert, dann könnt ihr mit der ganzen Welt darüber reden.

Ich bemühe mich sehr, euch durch reine Logik aus eurer Engstirnigkeit in das absolute Grenzenlose zu bewegen. Und eine Art dorthin zu gelangen, ist, selbst eine Meinung zu haben. Und wie erreicht ihr das? Indem ihr nie einen anderen danach fragt, was er denkt!

Und wenn euch dies gelingt, taucht ein Wind aus dem Nirgendwo auf, der euch wissen läßt, daß ihr es geschafft habt; daß ihr und der Vater in euch es manifestiert habt; daß es Realität wurde, um für euch Zeugnis abzulegen, als ein lebender Gott, der **ist**. Dann könnt ihr sagen: "Seht her! Seht es euch an!"

Dann werdet ihr wissen, wovon ich spreche: Freude fühlen. Und dann seid ihr für den nächsten Traum bereit und den nächsten und den nächsten.

Ihr ähnelt einer Frucht am Baum. Viele Pfirsiche mit weichem Flaum hängen an ihm, aber nur einer hat durch den Kuß der Sonne ein zartes Rot auf seinen Wangen. Er fällt erst dann vom Ast, wenn er reif ist. Ihr seid auch so. Ihr fallt vom Baum. Seid glücklich! Erst wenn ihr vom Baum gefallen seid, könnt ihr ein neues Leben beginnen. So sei es!

Ihr lernt.

Ich bitte euch um folgendes: Sobald sich euer Traum manifestiert hat, dankt in eurem Jubel vom Herrn und Gott eures Seins dem Vater in euch. Sprecht Gott den Dank aus. Vergeßt es nicht!

Das Morgen kommt niemals

Wenn ihr viel redet oder Erklärungen abgebt, dann hört ihr niemals richtig zu. Wenn euch eine Frage gestattet wird, eilt euer Verstand davon, um die richtige zu finden, anstatt daß ihr die soeben gehörte Information aufnehmt.

Ich habe einige Neuigkeiten für euch. Ich mache mir nichts aus anderen Wesenheiten. Sie spielen ihr eigenes Spiel. Ich mache mir etwas aus euch und aus dem, was ihr lernt. Und was ihr hier lernen könnt, befindet sich mit Sicherheit **außerhalb** der Kiste, Spiele werden nämlich nur in der Kiste ausgetragen. Es wird niemals eine Wesenheit wie mich geben. Es wird niemals jemand wie euch geben. Der Schatz in euch ist wichtig und nicht die Dinge, die sich innerhalb der menschlichen Engstirnigkeit befinden. Ist das New Age, das Neue Zeitalter, nicht das Zeitalter des Superbewußtseins? Wenn ihr es weiterhin als Neues Zeitalter anseht, wird es das Morgen bleiben, das niemals kommt. Ihr würdet das Superbewußtsein, die Superkraft, die Supermanifestation immer auf morgen verlegen, wenn eine Entschuldigung existiert, um so zu handeln.

Das Neue Zeitalter ist eine Zukunft voller Illusionen. Es kommt niemals. Und es wird auch niemals kommen. Die Realität des Superbewußtseins ist hier und jetzt. Es geht darum, es neu zu erwecken und es in Besitz zu nehmen.

Ich stelle keine weiteren Fragen, weil ihr die Information bereits eifrig aufnehmt. Je mehr ihr lest und in euch aufsaugt, umso mehr lernt ihr, umso genauer nehmt ihr das auf, was nicht gesagt wird. Wenn ihr eifrig eure Fragen auflistet, werdet ihr nie emotional genug werden, um machtvoll genug zu sein, es zu besitzen! Denkt darüber nach.

Meine Tochter ist aus vielen Gründen von dieser Arbeit sehr müde geworden. Auch ihr würdet es leid, wenn mit Steinen nach euch geworfen würde. Man kann nicht endlos getroffen werden. Aber sie wird nicht müde zu lernen.

Ich ehre euren Wunsch nach Wissen. Es erfordert großen Mut, dieses Werk einer Wesenheit anzunehmen, die man der stillschweigenden Billigung des Mordes und anderer Dinge bezichtigt! Jedoch genau wie meine Tochter seid auch ihr des Lernens nicht müde; und glaubt mir, ein völlig neues Grenzgebiet wird sich euch eröffnen, wenn ihr über jenen Affenverstand hinausgelangt.

Ich erlaube meiner Tochter ihre Gefühle, doch ich sage ihr auch immer wieder, daß das Blatt sich wendet - denn es zählt nur, was der Vater in euch denkt. Werdet nie müde zu lernen. Habt genug davon, euch selbst unglücklich zu machen. Es dauert nur einen Augenblick, um zu dem Vater in euch zu sprechen, ihn hervorzubringen. Es dauert nur einen Moment, euer ganzes Leben zu verändern.

Ihr werdet viel mehr haben als nur finanzielle Freiheit. Ihr werdet so vieles mehr haben, von dessen Existenz ihr nichts wißt, so daß eure Hände, wenn ihr sie beim Verlassen dieser Ebene ausstreckt, mit den Reichtümern des Wissens und der Weisheit gefüllt sein werden. Ihr werdet euren Kuchen haben und ihn auch essen, viele, viele Male.

Sobald ihr wißt, wie dieser Schlüssel anzuwenden ist, befindet ihr euch in der Evolution, und ihr werdet euch entwickeln.

Ich liebe euch. Ich weiß, unter euch gibt es jene, die mich verflucht, verleumdet und gehaßt haben. Ich liebe euch. Ihr seid immer noch hier und lernt, und das ist so, weil ich nie aufhörte, euch zu lieben.

Seid nett zu euch. Investiert in euch. Das ist genug Lernstoff für jetzt. Geht und eßt ein herzhaftes Mahl. Freut euch mit euren Brüdern und seid fröhlich. Dann geht und findet euren Frieden; setzt euch auf euren heiligen Boden und mit Inbrunst und Gusto tut das, was ihr hier gelernt habt. Freut auch darüber. Kehrt zurück zu dem Vater in euch. Sucht euch die nächste Verwirklichung aus, euren nächsten Traum, eure nächste Begrenzung und erschafft. Ihr wißt nunmehr, wie es gemacht wird. Und wenn ihr es richtig in euch aufgenommen habt, werdet ihr es mit reiner Emotion machen, und dadurch wird euer Körper sogleich pulsieren und wogen. Geht und vollzieht den Prozeß allein. Und ihr werdet stets soviel Macht haben wie **in euch** ist. Lebt, was ihr gelernt habt, und seid eine lebendige Wahrheit. Eines Tages werdet ihr froh sein, so gehandelt zu haben, denn alles Gold der Welt wird nicht das kaufen können, was ihr wißt. Makellosigkeit. Dies ist die größte Investition, die ihr je machen werdet.

Und was braucht man dazu? Zeit. Einsamkeit. Dicke Wände, damit euch niemand im Augenblick der Ekstase schreien hört.

Übt so lange, bis ihr darin ein Profi seid. Im folgenden Abschnitt werdet ihr lernen, über die Träume von Begrenzungen hinauszugehen.

* Anm. d. Übers.: Ramtha bezieht sich hier auf J.Z. Knight, die er als seine Tochter bezeichnet.

"Wenn du dabei bist, dein Leben zu ändern,
dann mußt du zunächst die Art ändern,
wie du das Leben wahrnimmst."

Trick of the Light

Den Kuchen haben und ihn auch essen!

Ich möchte das Glas mit dem bitteren Wasser erheben, bevor wir weitermachen. Dieses Gebet sagt, wo wir uns auf der Reise befinden, die ihr nun erschafft.

VOM HERRN UND GOTT MEINES SEINS
AUF DEN VATER IHN MIR
IN DIESER STUNDE
TRETE HERVOR
UND RICHTE DICH AUS
TRETE HERVOR
IN DAS WISSEN
IN DIE KRAFT
VOM HERRN UND GOTT MEINES SEINS
AUF DEN VATER IN MIR
WAS DIE ZUKUNFT IST
WAS DAS JETZT IST
WAS DIE VERGANGENHEIT IST
TRETE HERVOR
IN DAS JETZT
FÜR IMMER UND EWIG UND EWIG.
SO SEI ES.

Der Mann, der den Traum vom Durst träumte

Es gab einst einen Mann, der in seiner Hütte auf einem Lager sehr nah an einem Fenster ruhte. Die Scheibe des Fensters war so gut gereinigt worden, daß dadurch die Illusion entstand, daß einen nichts daran hindern könnte, den Arm hindurchzustecken und die Luft zu fühlen.

Und während der Mann auf seinem Lager ruhte und schlief, hatte er einen Traum. In diesem Traum hatte er Durst. Und das Lager wurde zu verdorrter Erde, und jede Bewegung wirbelte den safrangelben Staub um ihn herum hoch, der dann niederfiel und seine Wimpern vollständig bedeckte. Und seine Zunge war vor Durst geschwollen, und seine Lippen platzten, da er sie fortwährend leckte, bis keine Feuchtigkeit mehr übrig war.

Der Traum handelte von einem äußerst starken Durst.

Er schlief auf seinem Lager, das in seinem Traum die safrangelbe Erde war. Und als er so lag, brannte Ra, die Sonne, erbarmungslos, im Zenith stehend, auf ihn nieder. Er konnte weder den Arm heben noch nach jemandem rufen, der einen Tropfen des kostbaren Naß' mit ihm teilte, um den Durst zu löschen. Und er drehte sich nicht auf seinem Lager, um die trockene Erde nicht weiter über sich zu verteilen. In seinem Traum wußte er nicht, daß er träumte, er war nur schrecklich durstig.

Und als er in seiner Qual dort lag, mit trockenen Lippen und trockener Zunge, fiel vor seinem Fenster ein sanfter Regen nieder.

Der Mann, der den Traum vom Tod träumte

Da war ein Mann, der auf seinem Lager aus Stroh lag und einen Traum der Angst träumte. Er träumte den Traum des Sterbens. In seinem Traum bemühte er sich zu rennen und den Reitern zu entfliehen, deren Hufe er in einiger Entfernung hören konnte. Aber so sehr er es auch versuchte, er konnte sich nicht bewegen, und er hörte die Hufe - sie kamen näher und näher.

Voller Verzweiflung schrie er um sein Leben, doch im Traum konnte er sich nicht bewegen, und die Hufe der Pferde ließen auf den fernen Felsen die Funken stieben und die Erde erzittern. Sein Herz war von Panik erfüllt, und er träumte den Traum, daß er in wenigen Augenblicken sterben würde.

Und während er verzweifelt versuchte zu rennen, bemerkte er weder über sich die Sonne noch den Wind in seinem Haar. Er bemerkte nicht die Erde, die geliebte Erde, unter seinen Füßen. Und als er den Traum vom Tod, der immer näher heranritt, träumte, wurde vor seinem Fenster der Winter zum Frühling, und die Kahlheit der großen Eiche und die langen, sich windenden Finger ihrer dürren Glieder trieben Knospen der Hoffnung auf den Frühling.

Der Mann, der den Traum des Mangels träumte

Da war ein Mann, der lag auf seinem Lager aus Stroh und träumte den Traum der Armut. In seinem Traum gab es nie eine Chance für ihn. In seinem Traum von Armut war er ein Bettler, der verzweifelt Almosen annahm. Er besaß nur einen Mantel aus Leinen, der oft geflickt war, und seine Stiefel waren ohne Absätze. Er besaß nicht ein einziges goldenes Schmuckstück, das glitzernd in der Sonne blitzte und glänzte. Er besaß überhaupt nichts. Das war sein Traum von Armut. Und während er den Traum träumte, blies ein sanfter Wind vor seinem Fenster. Und die wildwachsenden Blumen badeten sich in der Sonne; und in Harmonie, Ausgeglichenheit und Einfachheit wehte der Wind Pollen und Samen in den wartenden Schoß der Erde.

Der Mann, der den Traum von Gott träumte

Da war der Mann, der träumte in einem Traum, ein Gott zu sein. In diesem Traum waren alle Dinge möglich. Wenn er es wünschte, konnte er sogleich in große Tiefen vordringen und sein Netz auswerfen und große Fische fangen - fleischige, glänzende, silberne, opulente. Wenn er sein Netz auswarf, gab das Meer in Hülle und Fülle.

In seinem Traum, Gott zu sein, starb nichts in seinen Augen, in seinem Traum gefährdete ihn nicht der Ansturm der Jahreszeiten. Er träumte einen Traum der Freude, und alles hallte wider von Musik, nie erklang ein falscher Ton. Sie war bald tief, bald hoch, jedoch immer voll Harmonie. Alles pulsierte in seinem Traum, und die Schattierungen der Farben gingen über die erwachten Sinne hinaus. In diesem Traum verschmolz alles und erschuf ein Lied, welches der Gedanke Gottes ist.

In seinem Traum ging er über smaragdgrüne Wiesen ,und er sah Blumen, deren goldene Blätter glänzten. Nirgendwo in seinem Traum gab es Wut, Bosheit, Urteile oder Neid. Noch gab es Krankheit, Schmerz und Leid. Alles war ein Fürimmer, welches das Lied der Harmonie sang.

So also war der Mann, der den Traum von Gott träumte. Niemals dachte er in seinem Traum darüber nach, ob er träumte, und er erwachte und erkannte, daß er schlief.

Seid derjenige, der den Traum des Erwachens träumt

Der Traum, in dem ihr lebt, ist der Traum.

Wenn ihr erwacht, hat er nichts mit dem zu tun, was ihr um euch seht. Denn außerhalb des Traums liegen die harmonischen Möglichkeiten des ewigen Lebens. Für immer. Und ewig. Und ewig.

Ihr lebt in einem Traum. Und all eure Wahrnehmungen und sogar wie ihr eure Wahrnehmungen anseht, basieren auf fehlbaren Dingen, die nicht ewig sind. Ihr träumt den Traum, der alle anderen Träume verbirgt.

Ihr träumt, es sei unmöglich. Und weil dieser Traum alle unerfüllten Dinge verwaltet, lebt ihr in der Illusion der Begrenzung.

Wißt ihr nicht, daß es vor eurem Fenster regnet?

Wißt ihr nicht, daß die Dinge, die im Winter vor eurem Fenster starben, im Frühling wiedergeboren werden?

Wißt ihr nicht, daß vor eurem Fenster der Überfluß der Fortpflanzung liegt?

Wißt ihr nicht, daß ihr schlaft und von Harmonie träumt? Von Gott träumt?

Das Manifestatieren - das ihr hier lernt - ist die Wissenschaft der Emotion. Die Emotion ist es, die wach ist. Eure Logik ist tot. Die Emotion ist die lebendige Kraft, die die Schrecken des Intellekts transzendiert. Wißt ihr nicht, daß ihr niemals gelebt habt, wenn ihr euch im Intellekt bewegt?

Wenn ihr mitten in den Geburtswehen einer Manifestation seid, wißt ihr dann nicht, daß ihr Gott seid, der auf grünen Weiden wandert und das Lied der Harmonie hört? Denn dort liegt das Ewige, das weder den Anfang noch das Ende solcher Grenzen besitzt, die die Möglichkeiten aller Dinge beschränken.

Evolution könnte in der Natur nicht stattfinden können, wenn es ein Ende gäbe. Ihr, die ihr die Macht "angezapft" habt, seht es umgekehrt. Ihr haltet entsetzliche Vorstellungen und die Ekstase einer Fantasie für unwirklich. Das Gegenteil ist wahr. Gerade in der Abscheulichkeit einer emotionalen Verkörperung, die ausgerichtet ist, erschafft ihr durch den Herrn und Gott eures Seins wahrhaft Reales. Ihr denkt das Gegenteil, weil so das menschliche Drama ist.

Das menschliche Drama vergeht, wenn es den Unterschied zwischen Illusion und Wirklichkeit erkennt. Falls ihr denkt, wenn ihr in euch geht und den Traum hervorbringt, sei das von euch Umarmte eine blühende Fantasie, dann müßt ihr zu dem Schluß kommen, daß auch das Königreich des Himmels in euch eine blühende Fantasie ist.

Dies ihr müßt wissen. Es muß von der Wahrheit durchdringen sein. Denn falls das Königreich des Himmels in euch ist, dann ist es das **Innen,** das all das **Außen** erschafft.

Es ist das **Innen**, welches euch das Privileg auf unbegrenztes Leben wegpfändet und euch in dem engstirnigen Kampf ums Dasein festhält. Wißt ihr, warum ihr den Kampf ums Dasein führt? Weil ihr engstirnig seid. Weil ihr schlaft und träumt, ihr könntet euch nicht bewegen. Wenn ihr emotional erwacht, hören der Kampf, all der Kummer, all das Leid, all die Verletzungen auf.

Wenn ihr emotional erwacht, entsteht Harmonie. Es fällt euch schwer, die Ehre zu haben zu wissen. Zu wissen, was ihr lernt, ist ein Privileg. Ihr lernt, daß ihr eure Ansichten darüber das, was real und was Illusion ist, ändern müßt.

Wenn ihr ein Realist sein wollt, seid es mit Gefühl, denn darin liegt keine Heuchelei.

Wenn ihr Vermutungen anstellt und eure Fähigkeit, logisch zu denken bis an den Punkt der reinen Denkens ausdehnt, wo ihr einen anderen Teil eures Gehirns entstehen laßt, der euch gestattet, die Majestät eines größeren Gedankens zu umarmen, werdet ihr im Innersten wissen, daß es eine große Wahrheit ist, was ich euch soeben gesagt habe. Euer Gehirn wird sich öffnen und euch göttliche Gedanken ermöglichen, die die Gedanken Gottes und nicht die Gedanken des menschlichen Dramas sind. Und durch diesen Gedanken, durch dieses Mutmaßen werdet ihr erkennen, daß ihr all euer Unglück emotional erschaffen habt und es sich in einem Traum von Begrenztheit manifestierte.

Und in einem einzigen Augenblick, könnt ihr es mitten im Chaos durch eine Änderung eurer Einstellung und angefeuert von eurem Wunsch lösen, in Besitz nehmen und froh werden, denn das Chaos existiert nicht mehr. Ich sage euch, dieses Fleisch und Blut wird vergehen, aber es ist die Qualität eures Geistes (*spirit*) und eurer Seele, welche das Königreich von Fleisch und Blut ablösen wird. Allein durch den Geist und durch die Seele wird die Unsterblichkeit der Liebe, werden Freude und tiefgehende Weisheit bewahrt; denn alles andere vergeht, und der Körper dient dem Wurm als Nahrung.

Was ist real? Worauf gründet sich das Ewige? Durch logisches Denken muß man zu dem Schluß kommen, daß es das Königreich ist: Indem man das Vermächtnis der Wahrheit, das **ICH BIN GOTT**, auf den Höhepunkt bringt, indem ihr erkennt, daß das Bleibende in euch ewig ist. **IHR SEID GOTT**.

Und was könntet ihr anhäufen, was ewig währt? Die Einsicht, daß Emotion Wahrheit ist. Indem ihr die Welt durch das **innere** Gefühl betrachtet, speichert ihr Reichtum, Weisheit genannt. Und das Wissen erschafft ein herrliches Wesen aus Licht, das den Sieg davonträgt; den Sieg über alle Ketten, die euch an das Fleisch binden. Für immer und ewig und ewig.

Ihr könnt kein "Realist" sein und zutiefst wissen, daß ihr ewig seid. Ihr wißt lediglich, daß ihr ein Heuchler seid, ein Gottloser, der nie gelebt hat. Emotional zu wissen, daß ihr den Traum umarmt habt, ist die großartige Wirklichkeit. Es **absolut** wissen heißt, aus dem Traum erlöst werden, erwachen.

Was ist das Licht Gottes? Was ist die Macht eines Christus'? Welche Magie entgeht euch völlig? Die **emotionale** Wahrheit. Wenn sie an die Oberfläche tritt, zerlegt ihr sie in einzelne Teile und legt das zur Seite, was nicht real ist in eurem Traum.

Erwacht! Draußen regnet es.

Erwacht! Der Winter vergeht. Die malvenfarbigen und rosa Knospen des Frühlings sind an den sich windenden schwarzen Fingern der mächtigen Eiche. Sie lebt wieder!

Geliebte Meister, Manifestation ist nur ein Teil des königlichen Kuchens. Denn, seht ihr, der König nimmt den ganzen Kuchen. Deshalb ist er der König! Dieses 'Umarmung'ist nur ein Teil. Ihr seid Träumer, die sich in der größten Begrenzung von allen aufhalten, der Vorstellung, das es nicht möglich sei.

Niemals kann das verwirklicht werden, was von dem 'Unmöglich' bewacht wird.

Und daher seid ihr nicht der Genius. Ihr seid die Gottlosen, die lebenden Toten, denn ihr erkennt nicht, daß das in euch Liegende erfüllt werden muß. Und wieso muß es erfüllt werden? Nicht, damit es ein Gewinn für die Menschheit ist. Nicht, damit die Natur durch euch glücklicher wird. Nicht, um eure Taschen mit Gold zu füllen, sondern als großartige dreidimensionale Huldigung der Macht, die in der Herrlichkeit Gottes, des Vaters, liegt - auf immer und ewig und ewig.

Es ist nicht das Gold. Es ist der Zauber dessen, was in ihm liegt. Es sagt: "Sieh mich an! Ich komme von dem, der mich gesandt hat." Und Sein Name ist 'Ewig'.

Draußen regnet es, ihr, die ihr Geld braucht! Und wenn es ausgegeben ist, werdet ihr mehr benötigen.

Der Frühling kommt.

Ein Teil des Kuchens ist die Fähigkeit, eure Freiheit zu sehen und das Gefühle, finanziell so gestellt zu sein, daß ihr euer Leben Gott widmen könnt, nicht wahr? Nein! Ihr würdet nur unaufhörlich eure Finanzen schützen, so daß unterm Strich ein Plus erscheint.

Ihr werdet noch lernen, was zum Kuchen gehört. Aber dies wird nicht geschehen, solange eure Haltung nicht mitspielt. Zur Zeit steht eure Haltung gegen euch, weil dies, versteht ihr, für euch noch immer eine herrliche Fantasie ist. Wenn ihr dieses Buch zur Seite legt und im Bett liegt, dann denkt ihr mit eurem realistischen Verstand: "Das wird nicht geschehen. Ich bin es nicht wert."

Um eure Haltung zu ändern, müßt ihr die reine Vernunft bis zum Höhepunkt eures Charakters anwenden. Ihr müßt euren Affenverstand loslassen.

Woher wißt ihr, wie das große siebte Siegel, die Hypophyse, zu öffnen ist, das den Sitz des Gehirns bewacht? Wie öffnet man es? Wenn ihr es mit Drogen versucht, sterbt ihr. Wenn ihr es durch 'Chanten' versucht, werdet ihr heiser. Wenn ihr es mit Meditieren versucht, rennt ihr nur in eurer Kiste immer wieder um die Ecken. Ihr erreicht es, indem ihr eure Haltung durchgreifend ändert; und von da an beginnt ihr ,die andere Seite der Haltung in Frage zu stellen.

Was ist wirklich und was ist Illusion? Macht weiter und fragt: "Was wäre, wenn? Was wäre, wenn?" Geht über den Tod hinaus; fragt weiter, und die Hypophyse beginnt zu reagieren. Ein wunderbares, großartiges Elixier von Hormonen wird das Gehirn öffnen, und die Hypophyse wird wie ein herrlicher Lotus erblühen. Und die "Was-wäre-wenns" bringen euch weiter, indem sie das Gehirn immer weiter öffnen, so daß die Schönheit dessen, was Gott ist, in der ganzen Tiefe des Mysteriums umarmt werden kann. Das öffnet das große Siegel.

Ein träger Verstand, ein metaphysischer Verstand, spirituelle Lehrer, Diäten, Kristalle, Amulette und Zirkone schmücken nur die Kiste. Ansonsten tun sie nichts. Ihr werdet weiterhin sterben - geschmückt. Es ist nicht **außen**; es ist **innen**. Ihr seid die großartigste Maschine, die je gebaut wurde. Ihr seid der lebendige Tempel des lebendigen Gottes; und Er liegt hinter euren Träumen. Und Genius liegt dort, wo die Haltung umgedreht wurde.

Gesellschaftliches Bewußtsein ist eine Illusion. Emotion ist Wirklichkeit. Und wenn ihr dies annehmen könntet, würdet ihr schnell den Verwalter eurer Träume beseitigen; und die Träume würden sich öffnen und wie ein Fluß fließen. Wo gehen sie hin? Zurück zu Gott! Ihr könntet auf die Oberfläche eurer Träume sehen wie auf einen Fluß, und ihr würdet euer Gesicht erblicken. Ihr könntet es ansehen und sagen: "Ich bin es." Dann wißt ihr. Dann besitzt ihr Wissen. Dann besitzt ihr die Wahrheit, die die Idiotie des Rituals übersteigt. Dann besitzt ihr die Wahrheit, die sich über das Spiel, über die Kiste hinaus ausdehnt. Es ist die Wahrheit, die sich bis in die Unsterblichkeit erstreckt.

Zum Genius seid ihr alle fähig. Er ist nicht etwas, was ich euch geben kann, nicht etwas, was ich euch in die Hand legen kann. Kein Bote wird kommen und den Genius als ein Geschenk bringen, so daß ihr euch damit schmücken könnt. Ihr könnt den Genius nicht dadurch speichern, daß ihr zu Füßen eines anderen in der Hoffnung schmachtet, daß der Genius auf euch abfärbt.

Er gehört euch bereits von Natur aus. Der Genius ist die ungenutzte Quelle, die Brillianz, der Quantensprung eines Lebens, das sich in das Ewige erstrecken kann.

Der Körper wird von der Hypophyse beherrscht. Durch den Fluß ihrer Hormone kontrolliert sie jene Drüse, die entweder Leben herbeiführt oder das Leben auf das Ende vorbereitet.

Ihr habt bereits etwas an Emotion aufgenommen, die ihr in eurer Fantasie umgelenkt habt, doch ihr besitzt noch nicht den Genius. Solange ihr Emotion nicht umlenkt, wird euch der nächste Schritt der Manifestation völlig erstaunt zurücklassen, und ihr legt den Prozeß beiseite.

Die größte aller Begrenzungen ist die Einstellung

Die größte aller Begrenzungen ist die Einstellung.

Wißt ihr, wieso ihr nie alles bekommt? Weil **alles zu bekommen**, für euch ein Traum ist. Ihr träumt, daß nur wenige es **bekommen**. Nur wenige besitzen es; sind es; werden es; zeigen es. Euer Geist und eure Emotion sind das größte Guthaben, das ihr je besitzen könnt. Sie können niemals verkauft werden. Man kann euch den Körper nehmen, aber niemals eure Seele, euren Geist. Man kann euch mit Steinen bewerfen, jedoch kann man euch nicht wirklich verletzen. Niemals kann man die Seele und den Geist, das heißt Gott, blauschlagen. Mitfühlend vergibt er und lebt immerfort.

Nur wenige werden sich den Kuchen vollständig aneignen, denn euer Affenverstand denkt rational: "Das sind halt Ramthas Lehren."

Und viele haben mich verleugnet und denken, daß ich nicht mehr existiere, denn die Entscheidung, daß ich nicht mehr existiere, macht es für sie leichter, die Lehren beiseite zu legen, und sie fühlen sich nicht länger verpflichtet, den nächsten Schritt zu tun. Seht ihr? Ich diente ihnen als Entschuldigung. “Macht nichts. Das ist nicht die Realität.”

Durch die Manifestation werdet ihr euer großes Wunder erhalten, und ihr werdet euch wundern, wieso ihr weiterhin unglücklich seid. Ihr seid zunächst voller Tatendrang und aufgedreht und badet im Erfolg. Doch dann ereignet sich etwas anderes, und ihr vergeßt, was ihr soeben gelernt habt. Wieso? Weil die hinter eurer Manifestation stehende Haltung die der Bestürzung ist.

Ihr sagt, daß ihr während des Manifestationsprozesses aus Angst, euren Nachbarn zu stören, derartig ruhig bleibt. Ach, du sanftmütige Wesenheit, der eigentliche Grund, warum du so still bist, ist der, daß du an dem zweifelst, was du gerade machst.

Würde ich euch ein Amulett geben und sagen: “Geht und reibt es jede Nacht; weicht es in Wasser ein, nehmt es heraus und trinkt das Wasser”, würdet ihr das unverzüglich tun. (Und es würden sich sogar einige Resultate ergeben.) Aber wenn **ihr** an der Reihe seid, ihr ganz allein, entschuldigt ihr euch und nehmt nicht teil, weil ihr die entgegengesetzte Einstellung in Erwägung zieht: “Das ist nicht die Wirklichkeit.” Deshalb werden einige von euch aufgrund dieser Lehren sofort geheilt und andere bleiben verkrüppelt.

Wieso ereignen sich für einige von euch Wunder und für andere nicht, obwohl sie dasselbe Gebet sprechen?

Wie ist die Einstellung? Nur an ihr liegt es. Der Traum, der euch zurückhält, der euch davon abhält, dort zu sein, wo ihr sein möchtet, ist ein Traum, den ihr erschaffen habt. Ihr habt ihn umarmt. Die Gesellschaft als Ganzes dient als unumstößlicher Beweis dafür, daß es richtig war, ihn so zu erschaffen! Und die Gesellschaft sagt euch tagtäglich, was Wirklichkeit ist. Jeden Tag bestärkt sie euch darin: durch die Dunkelheit und den Morast der Marktplätze; durch die Schlechtigkeit der Begrenzung. Der Mensch verleumdet und mordet seinen Bruder, und er raubt die Unschuld. Der Mensch verhandelt und errichtet Mauern. Preise ändern sich, und ihr fragt euch, wo euer Platz in dem Ganzen ist. Hieraus bezieht ihr die Gewißheit, daß euer alter Traum Wirklichkeit ist!

Wie soll ich euch aus diesem Traum aufwecken? Indem ihr anfangt, über dieses Wissen nachzudenken; so beginnt es, Gestalt anzunehmen. Wissen und nicht das Ritual erzeugt das Wachstum des Gehirns. Es ändert die Qualität des Lebens.

Was kann ich tun, um es noch deutlicher zu machen? Ich kann euch viele Boten senden, doch, seht ihr, sie sind nur Placebos. Sie können euch für einen Augenblick sagen, daß ihr euch wohlfühlt, doch dann fallt ihr unverzüglich in eure Krankheitsbilder zurück - in eure Wut und euren Haß, in Neid und Bitterkeit, Rache, Despotie und sogar in Krieg. Daher sind Boten nur Placebos. Ich kann diese Einstellung nicht niederreißen.

Also was habe ich euch gegeben? Was ist mein Vermächtnis?

Eine tiefgründige Wahrheit.

Die veränderte Haltung bringt euch in das 'Auf immer und ewig'.

Überlegt: Was wäre, wenn? Was wäre, wenn? Was wäre, wenn? Zählt es mathematisch zusammen. Fühlt es. Denkt darüber nach.

Und was ist Emotion? Unsichtbare Kraft.

Was transzendiert sie?

Draußen regnet es. Diese Wahrheit ist nicht neu? Diese Wahrheit wurde vergessen!

Wißt ihr nicht, was auf der anderen Seite liegt? Wirklichkeit.

Was brachte dich dazu, dieses Buch auszuwählen? Ein Gefühl? Und was ist noch zu diesem Gefühl hinzugekommen? Daß irgendwie dieses Buch dich lehren würde, wie du reich werden kannst. Das war deine Haltung.

Doch was war die spontane Regung in der Seele? Emotion. **Emotion**.

Ich sage euch, jene, die in der realen Welt leben, jene, die Träumer sind, sie sind tot. Sie haben den Intellekt angebetet und ihre Emotion völlig aufgegeben; sie verbannten die Grundidee von Emotion und überließen sie albernen, alten Frauen und unreifen Kindern.

Sie haben nie gelebt.

Und eines Tages werden sie ihre eigenen Worte essen müssen, denn etwas anderes werden sie nicht haben.

Wo sind die Mysterien? Es gibt keine.

"Keine Zeit ist wie die Gegenwart," stimmte ich mit ein,
da ich spürte, daß es sinnlos war,
irgendwelche Einwände zu äußern.
Max hatte einen verschmitzten Gesichtsausdruck
und sagte: "Eine andere Zeit als die Gegenwart
gibt es nicht."

Trick of the Light

Leben und Illusion

Welche Schulen sind die geheimen Schulen? Ihr seid in einer. Was darf nicht aufgeschrieben werden und muß verborgen bleiben? Nichts. Aberglaube ist wie ein Reiter ohne Gesicht; es gibt ihn nicht.

Seid argwöhnisch, wenn ihr etwas nicht versteht. Ihr wißt alles. Ihr wißt es durch die **Emotion**. Emotion entfacht das Licht. Emotion ermöglicht Wissen.

Ihr seid die verborgenen Bücher. Ihr habt sie in einer fantastischen Illusion vergraben.

Ich weiß, falls ihr gemäß den Anweisungen, die euch gegeben wurden, den Prozeß durchgeführt habt, ihr aber zum ersten Mal hier gesessen habt, dann habt ihr nur sanft mit eurem Traum herumgespielt. Als ich euch dann sagte, daß sich euer Traum entsprechend dem manifestiert, wie ihr hier gesessen und ihn umarmt habt, da wolltet ihr eine zweite Chance. Warum? Weil euch etwas eingeleuchtet hat und ihr euch sagtet: "Ich erhalte nur das, was ich erschaffe, und durch die Freude und durch die Stärke der Erleichterung **fühle ich**."

Also habt ihr den Prozeß wiederholt und fingt an, ein klein wenig mehr **zu fühlen**. Wenn man einsieht, daß ihr auf diese Weise funktioniert, hätte ich euch wohl sagen sollen, ihr sollt so tun, als ob ihr gerade eine Million Dollar gewonnen hättet!

Aber ich verstehe, was Geld ist. Ihr nicht. Es ist nicht euer Geld! Und jemand wird sagen, daß der Kredit fällig ist. Und in eurer entgegengesetzten Einstellung hätte das den Unterschied ausgemacht.

Ich habe mit euch gesprochen und gab euch tiefschürfende Lehren über das Geheimnis des Lebens, wenn ihr das Gesagte umarmen könnt.

Draußen regnet es, ihr Träumer! Doch ich weiß, wenn ihr für einen Moment rational und logisch denkt,

werdet ihr erkennen, daß die ***Einstellung,*** *mit der ihr* ***umarmt****, den Unterschied zwischen Leben und Illusion ausmacht.*

Und mit dem klaren Wissen darüber seid ihr sehr gut ausgestattet, um den Weg der Freude weiterzugehen.

Manifestiert all eure Träume mit einem äußerst weisen und besonnenen Verständnis, das den niedrige Verstand des Durchschnittsmenschen übersteigt.

Der Kuchen?

Davon ist Manifestation nur ein schwacher Hauch.

Das Schicksal bestimmen

Damit wir weitermachen können, ist es notwendig, daß ihr versteht, was Schicksal ist.

Wenn die Emotion es erschaffen hat - und durch das Gesetz wird es so sein welcher Schritt des Schicksals ist dann als nächster erforderlich, um der Emotion des Traumes gerecht zu werden?

Ihr müßt Macher sein. Macher. **Macher!** Wenn ihr mit offenem Mund und aufgehaltener Hand herumsitzt, werdet ihr euer Schicksal verpassen.

Ihr müßt aufstehen und in das Schicksal eintreten.

Genius hat nichts mit der Umarmung eines Traums zu tun. Solange der Traum noch in euch ist, ist er nicht der Genius, dann ist er eine Begrenzung. Wenn sich der Traum manifestiert und ihr ihn auf der physischen Ebene umarmt, dann existiert Genius. Ihr werdet dies solange machen müssen, bis ihr all eure Träume geklärt habt, bis ihr in Sackleinen gekleidet sein könnt, sitzt und euch nichts mehr von dieser Ebene erwünscht außer im warmen Licht des Morgens zu baden.

Erst wenn all eure Träume beendet sind, könnt ihr auf dem Thron eines Christus' sitzen.

Mein Königreich ist nicht von dieser Welt, denn ich habe alles. Und ihr könnt in Sackleinen dort sitzen und das den ganzen Tag hindurch sagen ,und es wird euch egal sein, weil ihr bereits den Traum von Kleidern aus Gold geträumt habt, und so muß es sein.

Was liegt am Ende dieses Weges nach Erleuchtung? **Gott-Mensch** zu werden, so daß Gott zum ersten Mal sein Gesicht und jene nicht zu glaubende Reise sieht: das heißt Sich Selbst.

Euer Königreich wird nicht von dieser Welt sein, sondern von der Welt in euch: es ganz zu besitzen und nicht ausschweifend zu sein. Aus diesem Grund braucht ihr eure Träume. Ihr könnt jedoch eure Träume nicht haben, ihr könnt nicht dasitzen und euch im Licht baden und gleich einem Christ keine Spuren hinterlassen, solange ihr nicht in euer Schicksal hineingeht. Ihr habt beredt die Erschaffung eures neuen Schicksals begonnen. Ihr mögt in schallendes Gelächter ausgebrochen sein, und eure Tränen mögen in Bächen geflossen sein vor Erleichterung über die Erkenntnis, in eine freudige Freiheit zu gehen, und eure Seele mag sich innerlich unbefleckt und rein gefühlt haben, wie ein neues Gewand, aber ihr müßt **nachfolgen**.

Das nächste Stück des Kuchens ist, in das Schicksal hineinzugehen, das ihr erschaffen habt, um den Traum zu fühlen, zu berühren, zu riechen und ihn zu tragen, denn die Seele ist bereits von diesem Traum umhüllt.

Und dann müßt ihr zum nächsten Traum weitergehen und zum nächsten. Und so weiter und so weiter.

Macher sind die Genies. Wodurch ensteht Genius? Wenn der Traum angewendet wird! Ihr könnt hier den lieben langen Tag sitzen und überzeugende Philosophien hersagen, brilliante Ideen äußern, doch eure Zuhörer werden euch verlassen, sobald ihre Mägen knurren. Sie werden euch nicht mehr anhören. Sie verschwinden und essen, stochern in ihren Zähnen herum und fragen sich, was für ein dummer Narr ihr seid. Ihr werdet niemanden beeindrucken, weil sie nur den Narren in euch sehen.

Machen heißt Leben. Wenn ihr in eurer Höhle seid und glaubt, Gott schulde euch etwas, weil ihr all dies verwirklicht habt, dann wird die Sonne nie in eurer Höhle scheinen. Die Höhle wird feucht und dunkel bleiben, und eure arthritischen Knochen werden schmerzen.

Erwacht in das Geschenk, welches das Leben ist! Leben ist Realität. Genius ist das **Machen**. Die Türen werden sich manifestieren, doch ihr müßt durch sie hindurchgehen.

Denkst du, daß die Goldklumpen vom Himmel fallen werden? Narr!

Denkst du, du brauchst nur den Mund zu öffnen und es wird Manna regnen und dich sättigen? Wach auf!

Ihr Träumer, erst wenn ihr euch aus dem Bett erhebt, das Fenster öffnet, den Kopf hinaus haltet und euren Mund öffnet, kann der Regen euren Durst löschen! Draußen regnet es!

Leben ist das Geschenk, in das ihr erwachen müßt. Leben ist Realität.

Erst wenn ihr erwacht seid, hört ihr nicht mehr die feurigen Hufe des Todes. Dann hört ihr das Rascheln des Windes, der durch die kahlen, mit Knospen besetzten Äste des Frühlings streicht. Das ist das Leben. **LEBEN.** Von Natur aus zeigt euch das Leben: "Ich lebe wieder! Ich bin wieder auferstanden vom Winter! Ich bin wieder da!"

Wacht auf! Geht hin und umarmt den Baum. Der Frühling naht. Ihr lebt. Erwacht aus der Armut. Steht auf, geht hinaus vor die Tür, setzt euch auf eine Wiese und laßt die Pollen in Hülle und Fülle euer Gesicht bedecken.

Es geschieht. Die Samen sind die Träume, die im Wind wehen. Sie werden sich in den fruchtbaren Schoß der wunderbaren Mutter Erde einpflanzen; sie werden wachsen und blühen. Sie **erheben sich** und **handeln**. Und ihr Träumer, die ihr im Traum gefangen seid und für immer nur davon träumt, euch in schwierigen Beziehungen im Kreis zu drehen, und davon träumt unglücklich zu sein, ein Opfer eurer eigenen Schöpfung zu sein - euer Traum ist, Opfer zu sein. Ihr jagt ohne Unterlaß dem Schmutz und Dreck des Kummers nach. Ihr suhlt euch sogar darin. Immer wieder geht ihr in eurer Kiste herum, die euren eigenen Traum vom Unglücklichsein enthält.

Wacht auf! Geht hinaus! Eine Musikkapelle zieht vorbei. Geht mit! Ihr liegt auf eurem Lager und träumt jeden einzelnen von euren Träumen. Ihr träumt jeden Traum, aus dem ihr entkommen wollt. Sie jagen euch umher.

Ihr Spiritualisten! Ihr Heuchler! Ihr, die ihr glaubt, Gott zu besitzen - und die Wahrheit, den Pfad, den Weg und das Licht! Wacht auf! Ihr seid lediglich Heuchler, und ihr werdet als frustierte Wesen sterben. Ihr seid gottlos. Wacht auf! Seht zu, wie die Dämmerung heraufzieht! Alles, was ihr je wissen wolltet, wird sie euch erzählen.

Habt keine Angst, im Wind zu weinen oder ein Kind im Arm zu halten und in eurer Brust seinen Herzschlag zu spüren.

Habt keine Angst, auf der Wiese Blumen zu pflücken und in ihrem zarten Duft zu verweilen.

Habt keine Angst, voll Bewunderung die tiefblaue Mitternacht und den wundervollen, fahlen Mond zu sehen. Und beobachtet den grauen Rauch, wie er auf einem geschwungenen Weg im Mondlicht aufsteigt und verstreute Schatten in den mitternächtlichen Himmel wirft.

Das ist Leben. Das ist Gott. Besitzt ihr ein Amulett, das der Pracht des Zwielichts gleicht? Welcher Stimme hört ihr zu? Wer sind eure Lehrer? Können sie euch Dinge sagen, die die Stille nicht weiß? Ihr seid Gott. Wacht auf! Ihr seid Heuchler; ihr 'spirituellen' Wesenheiten. So etwas gibt es nicht. Das ist ein Traum. Wenn ihr sagt: "Ich möchte spirituell sein", dann sagt ihr eigentlich: "Ich bin ein Versager. Ich sehne mich danach, spirituell zu sein." Damit sagt ihr, daß es euch nicht gehört.

ICH BIN. ICH BIN. ICH BIN. Ohne Frage.

Darüber wollen wir mal nachdenken. Falls ihr danach strebt, gut zu sein, dann heißt das, ihr seid schlecht. Wenn ihr danach strebt, eine "metaphysische Wesenheit" zu sein, die zürnende Dogmen transzendieren will, dann bedeutet das, daß ihr das Dogma seid. Ihr werdet die Dogmen nie überwinden und in das Neue Zeitalter eingehen. Es wird niemals kommen. Die Zukunft kommt niemals, da ihr den Traum träumt, daß etwas in der Zukunft auf euch wartet, und das bedeutet, daß es nicht jetzt existiert. Versteht ihr?

Es gibt kein Neues Zeitalter. Das Morgen kommt niemals, wenn ihr darauf hofft; denn wenn ihr hofft, heißt das, daß ihr es nicht besitzt. Ihr schlaft und habt nie gelebt. Wacht auf! Die Sonne scheint. Die Steine rollen den Berg hinunter.

Leben, das ist der Rest des Kuchens!

Wessen Stimme hört ihr in der Wildnis? Eure!

ICH BIN. Das Zentrum des **ICH BIN** ist auf immer und ewig. Innen liegt das vornehme, demütige und kühne Licht einer reinen Wesenheit. Es liegt unter den Träumen - unter allen.

Ihr seid Gott. Und ihr träumt den Traum des Menschen, der begrenzt ist. Und auf dem Lager eines Träumers entwickelt sich **nicht ein Ding**. Seit meiner Zeit habt ihr euch nicht entwickelt. Was ist mit eurem technischen Zeitalter? Damals kannte ich es bereits. Ihr seht genauso aus wie wir damals.

Und wer gab euch euer technisches Wissen? Ein kühner Genius, der einen Traum träumte und in sein Schicksal trat.

Seht euch die Quelle eures Lichts an. Euer Licht brennt nicht mehr durch Walöl. Ihr habt den Zauber des Unsichtbaren eingefangen - das "Elektron". Wer hat das erdacht? Nicht ihr, sondern der Träumer, der emotional umarmte und vorwärts geht. In eurem dynamischen Zeitalter schlaft ihr immer noch. Seit damals habt ihr euch nicht entwickelt. Eure Köpfe sind nicht größer geworden, um mehr Gehirnaktivität in sich zu beherbergen. Brauchen sie auch nicht. Ihr nutzt nur ein Drittel eures Gehirns!

Ihr schlaft auf dem Lager.

Wacht auf! Der Frühling naht. Er entwickelt sich. Wacht auf! Der lebende Organismus der Erde entwickelt sich - und ihr schlaft.

Ein wahrer Gott, der in menschlicher Gestalt umhergeht, kniet weder einem anderen zu Füßen, noch nimmt er den Rat eines anderen an. Ein wahrer Gott ist wie ein sprühendes Licht an Charisma und Genius. Ein wahrer Gott ist voller Sanftmut und demütiger Stärke und hat einen großartigen Geist, um zu wissen; er lebt ohne Makel. Gott, in menschlicher Gestalt.

Werdet bewußt, ihr Träumer! Engel gehen vor eurem Fenster. Sie tanzen im Regen. Ein entzücktes Kind Gottes ist Gott. Und sein Wissen ist unversehrt. Es ist sich aller Dinge genauestens bewußt. Seine Instinkte sind ebenso im Einklang wie die eines Lachses. Es ist nie unglücklich. Es ließ das Unglücklichsein in dem Traum, zu dem das Unglücklichsein gehörte.

Aufzuwachen bedeutet Freude. Der Kuchen heißt **machen**, erschaffen. Und zu jedem Zeitpunkt kann er zu Ende sein, und ein neuer Traum kann umarmt werden, und ihr könnt in ein neues Schicksal eintreten.

Veränderung ist Evolution. Ihr wißt, daß ihr auf dem Weg seid, wenn sich eure Einstellung ändert. Ihr wißt, daß ihr im Begriff seid zu erwachen. Sobald ihr erwacht, werdet ihr erkennen, was ich hier gesagt und was ich nicht gesagt habe.

Zu manifestieren und von Freiheit zu träumen bedeutet, die Einstellung zu ändern. Eure Emotionen sind die Wirklichkeit.

Die Wahrheit lieg **innen**.

Die Wahrnehmung des Gestern ist eine Illusion.

Euer Träume werden sich mit Leidenschaft manifestieren, und eines Tages werdet ihr einfach **ICH BIN** träumen; und ihr werdet der intergrierende Teil eures eigenen Lebens sein.

Sorgt sich die Lilie des Feldes um ihren Faltenwurf, um den Stil ihres Gewandes? Sorgen sich die Gräser um ihre Nahrung? Wohl kaum. Sie leben immer wieder, immer wieder neu, und die Samen ihres vorangegangenen Lebens weht der Wind über Berg und Tal zu herrlichen Wiesen, in eine neue Erfahrung.

Ihr möchtet glücklich sein. Glaubt ihr, Geld macht euch glücklich? Niemals. Denn Geld ist das Pferd eines anderen.

Sehnt euch in euren Träumen nach Glück, damit ist für alles andere gesorgt. Wenn ihr eine Wesenheit seid, die edel, freundlich und makellos ist, ohne die Irrwege und das Elend von gestern, dann werden alle Dinge mit Freude gefüllt sein.

Ihr seid der Genius. Doch die meisten von euch sind durch das, was sie lesen, vernebelt. Ihr habt keinen 'Grips'. Ihr habt kein Rückgrad und außerdem denkt ihr euch eine Million Entschuldigungen aus, warum ihr das hier nicht machen könnt - und ihr könnt sie sogar erschaffen.

Ich könnte sagen: "Setzt euch nun hin und denkt über alle Gründe nach, wieso ihr kein Genie seid," und ihr würdet noch morgen früh hier sitzen! Und was sagt euch das? Es zeigt, wie stark der Traum ist, der alle anderen bewacht.

Ihr seid faule, lethargische Wesenheiten, die von anderen erwarten, daß sie die Dinge für euch tun. Ihr werdet nie erwachen. Ihr werdet nie leben. Das wollt ihr nicht hören. Es schmerzt. Dann schlaft weiter!

Dennoch seid ihr mit allem ausgestattet. Das sollt ihr wissen. Ihr seid nicht in dieses Leben gekommen, und dann euch fehlt alles, um den ganzen Weg zu gehen.

Und was ist mit denjenigen von euch, die denken, ein anderes menschliches Wesen, welches euch das Gefühl gibt geliebt zu werden - das würde euer Leben großartig machen? Ihr wollt jemanden, damit ihr euch als etwas Besonderes fühlt. Wißt ihr, warum ihr eine Beziehung so stark ersehnt? Weil ihr in der Kiste der Frustration herumrennt und glaubt, daß eine Beziehung die Antwort ist; und wenn ihr jemanden gefunden habt, der euch eure Streicheleinheiten gibt, dann fühlt ihr euch wohl, wenn ihr nachts schlaft.

Die ganze Sache mit dem 'eine Beziehung haben wollen' ist im Grunde frustrierter Genius. Wenn ihr **erwacht** und zum Macher werdet und euch den Rest des Kuchens nehmt, dann verlagert und verwandelt sich die Energie, die in euern Lenden sitzt; die Hypophyse öffnet sich und beginnt zu blühen, und die gesamte Energie tritt in euer Schicksal ein. Ihr **macht**. Ihr erschafft. Wißt ihr nicht, daß die Energie, die sich im - wie ihr es nennt - Wurzelchakra befindet, roher Genius ist? Und gemäß eurer Natur sucht ihr jemanden, um diese Energie zu **befreien**! Ihr schüttet euer Leben auf den Boden!

Ehelosigkeit wird nicht erzwungen. Sie erwartet euch. Sie ist die Brücke, die aus dem Traum in die Realität führt. Wenn ihr ehelos lebt, verlagert sich die Energie in einem natürlichen Fluß von Kreativität. Ihr jagt Beziehungen hinterher, um euch gut zu fühlen, wenn ihr miteinander schlaft. Wenn ihr aus dem Traum erwacht, den ihr gelebt habt, könnte es sein, daß ihr eurem Schicksal allein entgegengeht, weil ihr es so erschaffen habt, um das Ziel zu erreichen.

Ihr werdet keine Ehe eingehen, wenn ihr diese Ebene verlaßt. Ihr werdet nicht in einem Mantel aus Wolken umherbummeln, wenn ihr sterbt. Ihr seid reine Lichtenergie. Indem Gott erwacht, verlagert sich die Energie weg von den menschlichen Elementen in euch auf den kreativen Genius; und sie **wird** zum Genius. Wie? Durch eure Träume; umarmt die Träume und wartet, bis sie sich vor euch manifestieren. Geht in sie hinein, trefft sie. Erschafft. Laßt euch freien Lauf. Öffnet euer Gehirn für das Wissen, jenseits des Feuers. Und dann, oh, ihr Menschen, wird Gott in eurer Gestalt einhergehen.

Requiem für einen Traum. Requiem für einen Traum.

Die Kiste ist eure Realität; die Fantasie ist der Rest des Kuchens.

Ich weiß, daß viele von euch durch das, was ich gesagt habe - ich will mal sagen -, "aus dem Konzept" gebracht worden sind. Es rüttelt an vielen Kisten, und die Kisten sind ein Sinnbild für eure Art zu leben. Euch gefällt es, unglücklich und unsicher zu sein. Die Kiste bietet euch die Sicherheit, die ihr braucht. Ich habe viele von euch mit dieser Wahrheit verärgert. Doch wenn ihr darauf emotional reagiert, weiß ich, daß ihr mich gehört habt.

Einige von euch sind faul und werden lediglich von ihren Lenden motiviert, von ihrer Gebärmutter und davon, daß sie irgendwie durchkommen. Ihr wollt nicht die schönen Dinge des Lebens, falls das bedeuten würde, daß ihr euch anstrengen müßtet; und wenn ihr es auf andere Art und Weise erhalten könnt, wählt ihr jedesmal den leichten Weg. Ihr beraubt euch eurer eigenen Schätze. Daran ist nichts verkehrt. Es ist in Ordnung, weiterhin zu schlafen. Ihr habt nicht gesündigt. Ihr werdet trotzdem geliebt.

Erinnert euch an diese kleine Lehre: Die Kiste ist eure Realität, und was ihr Fantasie nennt, ist der Rest des Kuchens.

Was sind die Hindernisse auf eurem Weg? Ihr habt keinen Weg, wenn ihr das fragt. Statt die Perlen den Säuen vorzuwerfen, ihr Grashüpfer, denkt an das, was ich euch soeben gesagt habe. Schreibt es auf, wenn ihr wollt und hängt es irgendwohin, wo ihr es sehen könnt.

Wenn ihr aus der Kiste heraus wollt, dann dreht sie um. Macht die Kiste zur Illusion und den Kuchen zur Realität - nur in eurer Einstellung. Vom Herrn und Gott eures Seins, so sei es.

Und wenn nur ein kleines Stück des Kuchens der Grund dafür ist, daß ihr euch die Lippen leckt, mit der Nase ordinäre Geräusche macht und ihr noch mehr wollt, gut, dann ist das vielleicht die Motivation, die euch veranlaßt, den Hosenboden zu heben, hinauszugehen und eurem Schicksal zu begegnen. Wenn ihr diese Motivation habt,oder wenigstens eine Scheibe davon, werdet ihr weiterhin von dem Kuchen kosten.

Wenn es euer Wunsch ist, in der Kiste zu bleiben, dann habt ihr keinen Weg - nur ein Bett, in dem ihr schlafen könnt.

Also wenn ihr den Kuchen probiert und nicht begeistert seid und wenn eure Motivation schwankt, dann schlaft weiter. Ihr befindet euch dann da, wo ihr sein wollt.

Doch mit denjenigen, die vorwärts gehen, treffe ich eine Abmachung. Eines Tages, wenn ihr vor diesen Türen sitzt und euch alles anseht, so wie es ist, und keiner, der an euch vorübergeht, etwas hat, was ihr nicht emotional besitzen könnt, dann beginnt ihr, keine Spuren zu hinterlassen. Und ich werde euch im Licht treffen. So sei es.

Nun, ich empfehle euch jetzt zu gehen, zu essen und das neue Stück Kuchen in euch aufzunehmen. Und denkt über eure Einstellung nach. Überlegt, ob ihr sie umdrehen könnt; denn wenn ihr es könnt, könnt ihr die Haltung einnehmen, die über den Tod hinaus in die Ewigkeit geht. Dann werdet ihr wissen, daß all dies real ist!

Nachdem ihr euren Körper mit neuer Energie und euren Geist mit neuen Gedanken aufgetankt habt, nehmt ihr dieses Buch wieder zur Hand, und wir werden sehen, was wir für den nächsten emotionalen Traum tun können.

Und falls du zu denen gehörst, die wahrscheinlich weiterschlafen, und wenn du es weißt, dann lies trotzdem weiter. Sogar im Schlaf wirst du dich daran erinnern. Selbst wenn du einiges nicht verstehst und mit dem Rest kämpfst, wirst du, indem du liest und in dir die Dinge aufnimmst, genug Stücke erhalten, um den Prozeß zu beginnen. Indem du dir einen Weg durch dieses Material bahnst, erlangst du große Wahlmöglichkeiten und Wahrheit. Um herrliche emotionale Gelegenheiten zu erhalten, habt ihr reine Logik benutzt. Ihr werdet Berge versetzen. Und vielleicht habt ihr zum erstenmal einen Funken Hoffnung auf das rätselhafte Königreich des Himmels.

Es stimmt, seit langem habt ihr vernommen, daß ihr Gott seid und daß das Königreich des Himmels in euch liegt. Weshalb das nie ein große Angelegenheit war, ist, weil diejenigen, die es umarmten, nicht mehr hier sind. Und ihr seid die Überreste.

Und wenn ihr das nächste Mal zu Bett geht oder in euer Schicksal tretet, dann ist das Verständnis von emotionaler Wahrheit, die über die Worte hinausgeht, größer geworden.

Und sobald ihr verstanden habt, was finanzielle Freiheit ist, werdet ihr sie haben.

Mehr als ihr sie euch erträumt habt! Der Unterschied ist allerdings, wenn die Stunde eures Todes naht, werden die Dinge, die ihr durch diese Träume gewonnen habt, mit euch gehen und für euch ein herrschaftliches Haus errichten - in einer anderen Zeit und auf einer anderen Ebene -, wo alles harmoniert.

Ihr werdet also in der Lage sein, all eure Träume zu erfüllen und sie als stummes Vermächtnis eurer Existenz zurückzulassen. Und nicht nur das, sie werden euch auch gehören, wenn ihr geht.

Wehe! dem Reichen, der sich an seinen Juwelen festklammert und mit ihnen begraben werden will; denn er geht aller Dinge ledig in das Licht.

Nun geht und eßt. Und segnet immer eure Nahrung, wenn ihr eßt. Segnet euren Körper. Und denkt darüber nach, was ihr emotional gelernt habt. Überlegt, was euch besonders berührt hat. Denn wenn die heftige emotionale Reaktion auf eine Wahrheit umarmt wird, gehört sie euch für immer.

"Es ist so, als würde ein Gott mit einer Milliarde Augen
aus einem sehr langen Schlummer erwachen.
Und während er aufsteht,
sieht Er als erstes Sich Selbst... in einem Spiegel.
Und es gibt sehr, sehr viele,
die genau wie ihr erwachen."

Trick of the Light

Ihr seid Gott, der träumt, ein Mensch zu sein

Ihr seid aus jenem Gedanken geboren, in dem alle Dinge existieren. Ihr seid schön.

Die Farbe eurer Haut gleicht einer Farbpallette. Einige von euch haben eine Haut wie poliertes Mahagoni. Eine schöne und satte Farbe. Andere sind gelb, blasser als Narzissen. Wieder andere von euch sind rosig, wie von innen errötet. Ihr seid schön. Keiner von euch ist anders als der andere. Ihr seid eben ein Teil des Lichts, und ihr seid ausnehmend schön.

Es gibt Augen, die jede Schattierung von Braun besitzen, und einige sind grün wie Schilfrohr, katzenhaft und mystisch. Es gibt Blautöne wie die zu verschiedenen Tageszeiten entstehenden Schattierungen des Himmels; sie tanzen, blinzeln und brennen vor Leben. Einige Augen, die ich sah, waren grau wie das Wasser einer Muschel.

Einige von euch haben Haare wie glänzendes Kupfer, wie Schiefer, wie die zarte Farbe der Sonne oder wie Ebenholz. Einige ähneln den schneeweißen Bergipfeln. Einige von euch sind matt und grau, andere wiederum strahlen hell und klar.

Schöne Körper. Ihr seid der Homo erectus. Homo sapiens. Ihr seid groß, klein, breit, schlaff, straff, dünn oder beleibt. Dennoch habt ihr alle die gleiche Skelettform: wunderschön.

Gott, der träumt, ein Mensch zu sein.

Wenn ich sehe, wie sich das Licht, das euch umgibt, in seiner Intensität verändert, heißt das nicht, daß einige mehr Licht oder weniger Licht haben als andere, sondern daß ihr alle unterschiedlich seid, kreativ und schön. Dennoch sehe ich euch als dasselbe an, als Gott, obwohl jeder einzigartig ist.

Wenn ich in eure Augen schaue und euer Haar betrachte, sehe ich das, was den Traum in eine Realität transzendiert, die eine "prachtvolle Zurschaustellung des menschlichen Dramas" genannt wird, "was sich entfaltet, erwacht und abermals das großartige Licht wird".

Sobald ihr das Licht **werdet**, könnt ihr es in anderen sehen. Keiner von euch ist blasser als der andere. Ihr seid schön. Das seid ihr.

Wie wundervoll wird es für die wunderbaren Wesenheiten von euch sein, die nach der Freiheit suchen, wenn ihr die ganze Welt ansehen könnt und den einen nicht weniger als den anderen achtet. Welches Entzücken, wenn ihr eure Mitmenschen ansehen könnt und weder Neid noch Eifersucht empfindet; denn das hat jenen bodenlosen Abgrund von Leere in euch entstehen lassen. Ihr seht die Dinge anders, wenn sich eure Einstellung ändert. Ihr seid nicht länger der Blinde, dessen schwere Lider dicht verklebt sind.

Wenn ihr Neid und Leere empfindet, dann habt ihr nicht das, was ihr fühlt, in Besitz genommen - wißt ihr das denn nicht? Wenn es euch gehört, dann herrscht Frieden.

Mit dem Traum des **Menschen** geht keine Macht einher, gleichgültig wieviel Geld oder Kontrolle mitspielt; selbst dann nicht, wenn die Welt das Schachbrett ist, auf dem ihr eure Spiele spielt. Diejenigen, die das Spiel um Geld und Macht spielen, befinden sich in einem Traum, in dem eine Sache nicht erobert werden kann: die **Liebe**.

Ihr verlaßt das Spiel, wenn ihr liebt. Doch bevor ihr jene Liebe geben könnt, müßt ihr zunächst der **König** sein, der den Kuchen **ißt**; denn ihr wißt, daß ihr ihn verdient, weil er euch gehört. Und dadurch könnt ihr die ganze Welt lieben.

Liebe. Das ist eines der Wörter, die wie "Eine tolle Sache, aber nicht neu!" klingen. Ihr habt es noch vor kurzem ausprobiert? Wohl kaum.

Liebe ist die Kruste des Kuchens.

Wenn jeder seine letzte Rolle in dem Spiel spielt, dann stellt euch die Wesenheiten vor, deren Methode es war, um das gesamte Geld und um die totale Macht zu spielen. Die Sanften, denen die Liebe gehört, bleiben unberührt, weil sie weder manipuliert noch kontrolliert noch durch Hypnose beinflußt werden können. Ihr Friede entspringt aus dem Urquell der Seele, der reich an edlen Dingen ist: Ehrbarkeit, Liebe, Makellosigkeit, Wahrheit, Vergebung und Sanftmut des Geistes. Wißt ihr, wieviel Schaden ihr euch selbst zufügt, wenn ihr einen anderen beurteilt? Ihr verstärkt den Traum. Ist es das wirklich wert?

In jenem Urquell lernst du zu lieben - in einem solchen Maße, daß du eines Tages, wenn du in der Dämmerung deines Morgens sitzt, zu dir ein Krieger tritt. Und siehe da, er trägt gewaltiges breites Schwert, und der Griff ist so, daß zehn Mann ihn umfassen können; mit blutrünstigem Blick sagt er zu dir: "Ich bin gekommen, dich zu vernichten." Und deine Liebe wird so stark sein, daß du ihm in die Augen schaust und sagen kannst: "Wenn es dich erfüllt - tu es."

Nun, das scheint vielleicht sehr weit hergeholt zu sein. Wie könnte es denn sein, daß ausgerechnet ihr dort sitzt und jemandem das zu tun erlaubt? Etwas Großartiges ereignet sich, wenn einer Sache keine Energie gegeben wird, lediglich völlige Hingabe, keine oberflächliche, sondern jene vollkommene Hingabe, die eine Stufe verlangt, auf der ihr sagen könnt: "Selbst wenn du meinen Körper in Stücke hackst, so befreist du doch nur meine Seele."

In diesem Fall wird keine Energie gegeben. Es besteht keine Reibung. Es gibt keinen Krieg, keinen Zorn. Es bestehen weder Gewissensbisse, noch Reue, noch Urteile.

Und dieser große Soldat läßt sein Schwert fallen, und es rasselt auf den Boden nieder. Es liegt da, seine Klinge wirft das Licht in den Himmel zurück, und er beginnt zu weinen, da es keine Eroberung gibt. Er erreicht nichts. Vor ihm steht kein Wesen, das wimmert und um sein Leben bettelt. Nur Wahrheit. Und er sitzt da. Und tausend Tage lang weint er über dieses Mysterium.

Schließlich wird er der Mann sein, der auf der Straße sitzt.

Liebe ist Teil der Manifestation.

Liebe heißt, die Möglichkeit, daß das Rätsel von Gott Wirklichkeit ist, ernst genug zu nehmen, um seine Einstellung auf den inneren Prozeß zu lenken, der eurer Existenz Glaubwürdigkeit und Wert verleiht. Das ist jedoch keine Frage des Glaubens.

Wenn ihr euch selbst genug liebt, um aus euren Träumen zu erwachen, aus eurer Knechtschaft, aus dem Traum, das Opfer zu sein, aus dem Traum, daß über euch geredet wird, ihr ausgelacht und verfolgt werdet, dann bedeutet es, daß ihr anfangt das zu lieben, was ihr seid.

Sich selbst zu lieben ist sehr egoistisch. Doch wenn ihr es nicht tut, könnt ihr einen anderen nicht lieben. Es ist die reinste Heuchelei für sich selbst keine Liebe zu haben, sie jedoch einem anderen gegenüber zu bekennen. Es handelt sich um Heuchelei, wenn man für einen anderen, aber nicht für sich selbst lebt, denn ohne Liebe zum Selbst wird die Liebe, die ihr einem anderen gegenüber bekennt, brüchig und vom Wind verweht.

Ihr **lernt**, euch zu lieben. Ihr werdet euch selbst bewundern, euren Genius und euren Mut respektieren. Und ihr werdet, wenn ihr so wollt, diesen Aufmarsch von Anstrengung und Verlangen bewundern. Wenn ihr euch selbst für bewundernswert haltet, rechtschaffen euren Emotionen gegenüber, so daß eure Worte euren Gefühlen entsprechen, werdet ihr herausfinden, daß ihr ein anbetungswürdiges Geschöpf seid! Und dann erinnert euch, daß ihr in einem anderen nur das sehen könnt, was ihr in euch selbst seht.

An diesem Punkt beginnt Liebe. Das ist mit bedingungsloser Liebe gemeint.

Versteht ihr nun diesen Teil des Proßesses?

Auch wenn sie sagen, daß sie euch verachten, so könnt ihr sie dennoch lieben. Sie haben ihre Wahrheit, und ihr habt eure Wahrheit.

Nur äußerst selten findet man jemanden, der glaubt, daß das Vermächtnis Gottes innen liegt; und noch seltener ist es, daß dieser Mensch das Innen **liebt**. Und doch sind diese beiden Vorstellungen gleichbedeutend; sie stimmen miteinander überein.

Jede Manifestation, die ihr erschafft, jeder Traum, von dessen Last ihr euch befreit, bringt euch der Liebe näher. Genau dieser Akt, die Möglichkeiten des Selbst anzunehmen, ist Liebe. Er ist der Anfang.

Liebe ist nicht die Lust der Lenden oder die Lust des Schoßes. Sie ist nicht die Reflexion bemalter Gesichter und Spiegel. Sie ist weder die Farbe eurer Kleidung, noch euer Haar, noch eure Augen. Damit seid ihr niemals zufrieden!

Liebe ist das **Innere**; was ihr seid; eure Essenz. Und je mehr ihr von euren Träumen, und je mehr ihr vom Kuchen genießt und manifestiert, umso mehr werdet ihr euch lieben, bis sich jene Liebe in ein weites, allumfassendes Wissen erstreckt, so daß ihr, falls der Krieger euch in zwei Stücke zerteilt, im Frieden mit ihm und seinem Wort seid.

Liebe stirbt niemals, ihr Meister. Für die Gottlosen ist sie schwer zu fassen. Doch für die **Lebenden** stirbt sie nie. Sie hört nicht auf. Unaufhörlich. Was als normal erscheint, das ist eine Illusion; ich weiß das. Es ist normal, neidisch zu sein. Es ist normal, boshaft, gehässig zu sein. Es ist normal, schlecht und unvollkommen zu sein.

*Meister, die Droge, die euch weiterschlafen läßt, das ist die **Normalität**!*

Wißt ihr denn nicht, das der wirklich Unnormale nicht länger auf dieser Ebene umhergeht?

Ich höre euren Gesprächen zu. Ich sehe, wie ihr damit kämpft, die Worte euren inneren Emotionen anzupassen, wie ihr versucht, ganz und gar ehrlich zu sein. Ich sehe, daß viele von euch es ernst meinen. Und es gibt diejenigen unter euch, die sich auf die Lippen beißen und ihre weißen, glänzenden Raubtierzähne zeigen; und ihr müßt euch die Zunge abbeißen, um euch davor zu bewahren, normal zu sein!

Sanft wie der Nebel am Morgen sollte es sich ausbreiten.

“Vom Herrn und Gott meines Seins: Am heutigen Tage rufe ich den Vater hervor - in alles, was Leben ist; in all das, was Genius ist; in all das, was ich bin.”

Und im selben Atemzug, mit dem ihr diese Worte sprecht, verströmt ihr die Liebe und all ihre Möglichkeiten. Das ist Zauberei! Das ist die Kruste des Kuchens. Wunderbare Dinge werden sich durch dieses Wissen ereignen. Auf vielen Gebieten wird immense Freiheit entstehen, und viele von euch werden zum Wind gehen, auf immer und ewig. Doch ihr müßt das, was ihr seid, sehr schätzen, damit ihr glaubt, daß ihr es wert seid.

Ihr müßt den Traum genügend lieben, damit er geboren wird; das heißt, ihr **müßt** den Schöpfer **lieben**. Niemand da draußen vor dem Fenster in der Nähe des Ortes, an dem ihr schlaft, ist es wert, daß ihr alles für ihn hingebt, obwohl das **normal** zu sein scheint. Ich sehe in euch alles, was ihr seid, all die Schattierungen, die ihr seid, und all die verschiedenen Stadien des Schlafes, in denen ihr euch befindet. Und ich liebe euch vollkommen, denn ich bin der Ansicht, daß ihr es wert seid, weil ich wie ihr war, den Traum träumte und aus ihm erwachte - zum Erstaunen vieler um mich herum!

Den wenigen, denjenigen ohne Gesicht, die eure Wirtschaft kontrollieren, den Markt, d. h. die Börse, eure Revolutionen und eure Gesetze, die euch versklaven, diesen Männern, die alle Könige und alle Männer des Königs besitzen wollen, gehört jedoch nicht die Natur. Die Natur ist der größte aller Rebellen. Der Mensch kann sie sich nicht nutzbar machen, weil sie sich entwickelt.

Wenn ihr diesen Prozeß durchlauft - einen Traum nach dem anderen - und euch mit euren Bedürfnissen arrangiert habt, achtet darauf, die Tür für Möglichkeiten offen zu lassen, wenn ihr eure Kiste verlaßt. Tut es mit dem Maß an Verständnis und Liebe, daß ihr durch den Fluß der Liebe, durch den natürlichen Prozeß der Evolution mit der Natur in Einklang bleibt.

Was ist Natur? Sie ist selbstverständlich Gott. Wenn ihr im Verlauf dieses Prozesses mit der Natur in Einklang bleibt, werdet ihr euch nicht in der Schlinge verfangen, die euch blind macht und euch fesselt; dann werdet ihr die große Freiheit erhalten, die ihr euch wünscht.

Und ihr solltet dies **erkennen**, bevor ihr diese Ebene verlaßt. Ihr solltet all das erkennen, bevor ihr durch das Tor schlüpft und zuseht. Ihr solltet dieses makellose Wissen wissen, mit dem ihr verbunden seid, denn es ist lebenswichtig, reich, feurig, bewegend und unbezähmbar. **Leben**. Dann wird euch das Spiel nicht in Mitleidenschaft ziehen.

Macht keine Fehler. Ihr könnt nicht unter den Ästen eines großen Baumes sitzen und nichts tun. Ihr müßt der Bewegung eures Schicksals folgen, mit ihm gehen, mit ihm marschieren - mit äußerst wachem Instinkt. Ihr müßt euch in dem Wissen und in der Emotion befinden.

Nun, ein Wort an diejenigen, die sich in die Nähe der Tür bringen, genau an die Türklinke. Und hört mir jetzt zu! Ihr hört nichts da draußen. Keinen galoppierenden Reiter. Keinen Wind. Nichts. Und ihr werdet ein wenig ängstlich. Folglich dreht ihr das Stereogerät auf, und durch den Lärm fühlt ihr euch besser. Also geht ihr wiederum zur Tür, und ihr wißt genau, ihr habt etwas vergessen. "Was war das nur?" Aber natürlich! Die **Vergangenheit**. "Ich kann unmöglich gehen. Zuerst muß ich all meine Probleme einpacken."

Seid sehr, sehr vorsichtig, wenn es um eure Probleme geht und um die Art, wie ihr sie einpackt. Ohne Falten. Probleme haben Vorrang vor allen anderen Dingen. Na ja, die Vergangenheit ist für euch wichtig!

Doch wenn ihr eure Taschen packt und an die Tür zurückkehrt, dann merkt ihr, daß es zu viele sind. Ihr könnt unmöglich auf die andere Seite der Tür gelangen, ohne alles bei euch zu haben; aber ihr kommt mit den ganzen Sachen auch nicht durch die Tür.

Laßt das Gestern hinter euch

Also sitzt ihr da und denkt nach.

"Ich kann das nicht zurücklassen. Mein Leben lang habe ich darin investiert. Was werden die Leute denken, wenn...?Wenn? Wenn? Wenn?"

"Was soll ich ihnen jetzt sagen, wo ich nicht mehr verletze? Ich habe es lange aufrechterhalten. Es hat sich bezahlt gemacht!"

"Und was werden die Leute von mir denken, wenn ich irgendwie ausgelassen, glücklich und forsch bin? Ich brauche etwas, was irgendwie **real** für mich ist."

"Und um Himmels willen! Was ist mit den ganzen früheren Leben? Ich habe kaum genug Taschen dafür! Um nicht die Schrankkoffer zu vergessen, die ich für jede Bemerkung brauche, die jemals jemand über mich gemacht hat."

"Na, ich würde doch ohne sichbaren Beweis nicht einmal existieren."

In eurem Traum verweilt ihr in der Vergangenheit. Sie hält euch in der Kiste fest. Ihr könnt eure Vergangenheit nicht ändern. Es wird nur das Jetzt geben. Und ihr habt Angst, sie aufzugeben, ihr habt Angst zu lieben und mitfühlend zu sein. Ihr habt Angst, einen neuen Tag zu erleben; einen Tag, der vor Gesundheit strotzt; einen Tag, an dem es keine Probleme mehr gibt.

Viele Leute schaffen es nicht durch die Tür, weil sie sich überladen haben.

Wie paßt das zu eurer ersten Manifestation?

Wieso müßt ihr hinausgehen und euch, um glücklich zu werden, einen neuen Hut kaufen? Ihr braucht ihn doch nur einmal tragen, damit ihr ihn satt habt. Wie viele Hüte braucht ihr, bis ihr merkt, daß ihr eigentlich nicht glücklich seid?

Die Manifestation des ersten Traumes, den ihr umarmt habt, entwickelt sich vor euch kollektiv als Schicksal. Was geschieht, wenn ihr das Schicksal vor euch seht und erkennt, daß ihr die Tür öffnen müßt, um ihm zu begegnen? Ihr wißt, es steht da draußen. Ihr könnt es nicht hören, obwohl ihr wißt, das es da ist. Und ihr gelangt nicht auf die andere Seite der Tür, weil ihr das Gestern nicht vergessen könnt.

Mit anderen Worten, ihr könnt euch nicht vergeben; nicht für das Gestern, sondern daß ihr im Gestern gelebt habt. Was geschieht also mit der Manifestation? Nun ja, sie ist vor der Tür.

Nun, und da kommt nun eine Wesenheit vorbei, die es förmlich juckt, etwas zu tun, und dieser Mensch geht geradeaus. Wißt ihr, er ist nicht einer von diesen kümmerlichen spirituellen Leuten. Er ist ein Macher. Er rennt direkt durch die Tür, und da ist sie, die Manifestation. Sie ist wie ein rosig Apfel, der nur darauf wartet, gepflückt zu werden. Und selbstverständlich pflückt er ihn. "Das ist meiner." Und er rennt hinaus und läßt ihn sich patentieren! Ihr könnt in der Zeitung lesen, daß man durch den Türschlitz kommt!

Ihr sitzt da, und euer Kopf ist schwer von diesem Traum. Und da ist ein Zähneknirschen und ein Fluchen, daß das Innere eurer Kiste ganz schwarz wird. Und da herrscht Groll und Reue und Haß und Bitterkeit. Und ihr **wißt** ganz genau, dieser Trottel hat es euch gestohlen.

Ich will euch erzählen, was geschieht. Jenes Schicksal wurde von euch erschaffen. Woher kommen eurer Meinung nach neue Ideen? Glänzende Ideen kommen von jemandem weit weg, der sie emotional kreierte. Die glänzende Idee wurde nicht notwendigerweise vom Halter erschaffen, doch vom Suchenden wurde sie gepflückt. Sie lauert draußen herum. Sie ist bereit von Menschen, die vorbeikommen und nach ihr Ausschau halten, gepflückt zu werden. Sie pflücken sie vom Baum. Sie pflücken die Idee aus dem Bewußtsein, denn sie suchen danach. Sie wollen sie. Das ist **ihr** Traum.

Seht ihr, ihr habt die Idee erschaffen, aber ihr konntet nicht aus der Sicherheit eures Gestern heraustreten. Ihr konntet nicht eure Bequemlichkeit überwinden, die Bequemlichkeit eures Elends, der Probleme und aller anderen ähnlichen Dinge, um wenigstens an eure eigene Manifestation zu gelangen.

Wer ist also das Genie? Nun ja, natürlich lest ihr in der Zeitung, daß jener Mann, der eure Manifestation dem Äther entriß, als Genie anerkannt wird und daß er einen bemerkenswerten Beitrag für die Menschheit leistete. Seine Aktien steigen auf dem Markt in schwindelnde Höhen, und er stochert in den Zähnen und schiebt den Kuchen von sich weg!

Glänzende Ideen kommen irgendwo von einem emotionalen Wesen, welches seine Vorstellungen emotional umarmte, hinausging und im Bewußtsein zu jenen Ideen **wurde**. Wer in seinem Traum nach einer brillanten Idee sucht, der erhält sie auch. Er erschafft sie nicht. Er **bekommt** sie einfach. Seine Emotion stochert in den Zähnen herum. Seht ihr? Reibt sich den Bauch. Ich erzähle euch das aus folgendem Grund: Wenn wir von einem Genie reden und dabei von jemandem sprechen, der nicht durch die Tür gelangt, dann reden wir von jemandem, der keine Liebe für sich selbst empfindet, von jemandem, der gelernt hat 'irgendwie' emotional zu sein, aber kein Stehvermögen besitzt. Und jeder Traum, den ihr umarmt und der jene Begrenzung war, die sich **hier** befand, **wird** eintreten. Aber ihr müßt aufstehen und es euch holen. Ihr müßt durch die Tür gehen. Und wenn das bedeutet, daß ihr das Gestern zurücklassen müßt, dann ist es nunmal notwendig.

Wißt ihr denn nicht, daß ein Christus keine Vergangenheit hat? Er ist nur der Christus.

Weder für die Evolution noch für die Natur ist es ein charakteristisches Zeichen zurückzublicken und wegen alter Knochen zu seufzen! Der Mensch versucht, sie zu bewahren. Wo ist der Sitz eures Verstandes? Der Natur ist es egal. Sie geht voran. Mit der gleichen Wahrheit, wie ich sie euch lehre, arbeitet die Natur.

Dort draußen ist ein gewaltiger Genius, denn großartige Träume warten darauf, umarmt zu werden. Aber dort draußen existiert auch viel Faulheit.

Ihr kommt nicht durch die Tür, wenn ihr zu viele Taschen mit dem Gestern vollgepackt habt. Und eigentlich dienen die Taschen als Entschuldigung, um nicht durch die Tür zu gehen. Ob ihr nun um den ganzen Kuchen weitermacht oder nicht, so habt ihr doch für jemanden da draußen einen Beitrag geleistet, als ihr euren ersten Traum umarmt habt. Überall auf dem Traum steht euer Name. Ihr seid sein Schöpfer.

Wenn ihr aber keinen Anspruch auf ihn erhebt, dann tut das ein anderer. Alle großen Ideen haben ihren Ursprung in einem emotionalen Schöpfer, der sie erträumte.

Wie oft habt ihr die Geschichte von jemandem gehört, der sagte: "Ja, daran hab ich schon vor Jahren gedacht." Hmmmm. Ihr habt euch am Kopf gekratzt und gefragt: "Wirklich?" Ihr habt euch gewundert, wieso er, wenn er die Idee hatte, damit nichts angefangen hat.

Genauso ist es mit euren Träumen und eurer Freiheit. Stehvermögen. Könnt ihr mir folgen?

Ich will noch einmal wiederholen, was ich über den Genius gesagt habe, weil ich weiß, daß einige von euch im Nebel stehen.

Genius ist die Fähigkeit, den Traum zu träumen und dann etwas mit dem Traum zu machen.

Genau dieses Voranschreiten öffnet den emotionalen Körper, der wiederum dem emotionalen Geist - das ist euer Gehirn - sich zu öffnen erlaubt, dem wiederum folgen Gedanke und Tat. Aktion und Reaktion. Der Traum, welcher verwirklicht, manifestiert und **in Besitz genommen** wird, das ist der Genius. Und dadurch erweitert sich euer Bewußtsein, und ihr werdet von Energie gespeist.

Habt ihr von einem Meister da Vinci gehört? Er war ein Genie, nicht wahr? Er schrieb alles nieder, was er emotional umarmte.

Nun, man nennt ihn ein Genie. In Wirklichkeit ist er jedoch ein Träumer, denn in eurem Zeitfluß wurde erst sehr, sehr viel später das, was er gezeichnet hatte, die brillante Idee eines anderen. Er war seiner Zeit voraus. Dennoch blieb er in seiner Kiste. Versteht ihr? Was wäre, wenn da Vinci vorangeschritten wäre und das erschaffen hätte, was er empfangen hatte? Warum hat er nicht etwas weiter mit seinen Unterwasserplänen gearbeitet? Er hätte es gekonnt.

Wie anders wäre eure Welt geworden, wenn da Vinci durch die Tür, die vor ihm stand, gegangen wäre und jeden einzelnen seiner Träume umarmt hätte? Recht anders, meine lieben Leute. Recht anders. Stattdessen ist sein bekanntestes Merkmal eine graue, verzweifelte Frau (Anm. d. Übers.: Diese Frau ist Mona Lisa). Er malte sich selbst. Und wie war er? - Nur ein grauer Träumer mit einem halben Lächeln im Gesicht.

Verstanden?

Was braucht man dazu? Was macht den Unterschied?

Liebe. Man braucht Liebe. Sie gibt euch den Mumm, um durch die Tür zu gehen. Liebe öffnet die Tür. Liebe läßt die Taschen zurück. Liebe sieht die Dinge als Chancen. Und Liebe führt euch aus dem Zustand, in dem ihr unter Drogen steht und in dem ihr schlaft.

Wenn ihr **fühlt**, dann habt ihr gelernt. Es gibt etwas, was ihr nicht in eurem Traum macht. Im Traum vergeßt ihr nichts, was emotional ist. Darum geht es bei eurem toten Gewicht. Habt ihr's?

Wenn meine Tochter in Trübsinn und Schlamm versinkt, sage ich ihr etwas sehr Frustrierendes. Ich sage ihr, daß es so etwas wie Probleme nicht gibt. Solange ihr sie nicht wollt, existieren sie nicht. Und wenn ihr sie erschaffen könnt, dann liegen selbstverständlich auch die Antworten in den Problemen.

Wenn ihr all dieses emotional annehmt, dann werden eure Tage großartige Tage sein, denn sie werden voller Freude sein - und nicht voll Angst.

"Lernt zu sehen. Wenn ihr wirklich sehen könnt, werdet ihr entdecken, daß ihr direkt in das Auge Gottes schaut. Und wenn ihr euch frustriert fühlt, dann könnt ihr immer noch das tun, was ihr mit mir gemacht habt," sagte Chris mit einem verschmitzten Lächeln auf dem Gesicht.

"Und das wäre?"

"Ihr müßt vom Suchen die Nase voll haben und euch **entschließen** *zu finden. Seht ihr, viele, die in der Illusion verhaftet bleiben, haben sentimentalerweise die Suche nach der Wahrheit glorifiziert. Sie sind mehr an die Suche nach Wahrheit als an das Finden der Wahrheit gebunden. Dummerweise haben sie sich selbst derart in die Ecke gedrängt, daß sie noch nicht einmal Anweisungen desjenigen entgegennehmen können, der imgrunde am Ziel angelangt ist."*

Trick of the Light

Es gibt keine Worte

Der Versuch, diese Lehren über Gott, über Gefühle und Manifestationen in Worte zu fassen und mit sensiblen Wesenheiten zu kommunizieren, die nur deshalb hören, weil sie intellektuell sind, dieser Versuch ist sehr schwierig.

Ihr habt Gott nie verstanden, weil ihr nicht wußtet, wie man fühlt. Und ihr habt in der Vergangenheit meine Worte genommen, sie auswendig gelernt, zerlegt und sie gekostet, bis sie zu einer intellektualisierten Wahrheit wurden.

Ihr habt aus ihnen "Ihr seid Gott" herausdestilliert.

Und diese Wahrheit habt ihr als Entschuldigung für euer schlechtes Benehmen und eure Dualität benutzt.

Sie hat ihren Zweck erfüllt.

Aber zu vermitteln, was sich **innen** befindet, **das** ist reine Macht, absolute Macht. Sie steht bewegungslos in ihrer eigenen Zeit.

__Zeit__ existiert nicht, wenn ihr nach innen geht und
die Emotion umarmt. Sie ist. Sie ist das __IST__.
Ich habe keine Worte dafür.

Niemand hat dies bisher richtig **gehört**. Keiner konnte es verstehen.

Fühlen? Was ist das?

Sie sagen: "Aber ich liebe dich, Ram."

Und daher sage ich ihnen, daß ich es wert bin, geliebt zu werden. Wieso? Der Grund ist, wenn sie mit mir mitfühlen konnten, dann bedeutete das, daß sie noch lebten. Ich blieb, um den Zauber zu entdecken, der alles umdreht und es euch tausendfach zurückschickt, damit ihr **in euch** das fühlen konntet, was ihr für mich empfunden habt.

Und so schickte ich Boten und noch mehr Worte, und entsprechend eurer Fähigkeit zu hören, ihr habt sie zerschnitten und verkleistert.

Doch durch jenen Prozeß, durch die Erschließung eurer eigenen Emotion und durch das Entfesseln eurer eigenen Macht findet ihr eure eigene Wahrheit.

Wißt ihr denn nicht, daß dies die Worte sind, die ich nie finden konnte?

Ihr braucht **eure** Worte, um **eure** Wahrheit zu finden.

Und wenn ihr durch diese Informationen Wissen erlangt habt, dann dankt Gott. Haltet daran für immer fest und laßt nicht zu, daß es euch von irgendetwas entrissen wird. Ihr werdet Gott in diesem Leben sehen. So sei es.

Umarmt den Traum von Gott

Nun. Es ist an der Zeit, etwas Großes zu tun.

Ich wünsche, daß ihr umarmt und durch Emotion manifestiert.

Ich wünsche, daß ihr ein Drama erschafft - ein gewaltiges Drama. Und in dem Augenblick, in dem ihr **hineingeht**, um das Drama zu erschaffen, möchte ich, daß ihr euch folgendes bewußt macht: Ihr fühlt den Traum von Gott.

Mit anderen Worten, umarmt mit Gefühl und mit Kraft, so daß alles, was ihr mit Gefühl umarmt, die **lebende Wahrheit** ist.

Verstanden?

Laßt es mich nochmals auf eine andere Art sagen. Umarmt und erschafft ein Drama, eine Fantasie, eine wundervolles, ungezähmtes, köstliches Bild, das euch gibt, was immer ihr wollt, so als hättet ihr die Fähigkeit von König Midas - macht jedoch aus dieser Berührung eine magische Berührung.*

Ich möchte, daß ihr im Verlauf dieses Prozesses jedes einzelne

Ding, das ihr euch wünscht, lebt, überdenkt und seht, daß es **augenblicklich** eintrifft. So wird alles möglich!

Hier geht es um den Traum, der alles andere hier zurückhält: die ***Einstellung.***

Euer gegenwärtiges Bild sagt: "**Dies hier** ist wirklich. **Das da** ist Fantasie."

Wenn ihr diesen Traum annehmt, wird er diese Einstellung umdrehen. Dann werdet ihr sagen: "Ich verstehe. **Das da** ist wirklich. Und **dies hier** ist Fantasie. Ich habe es die ganze Zeit verkehrtherum gesehen!"

Der Prozeß: Hinweise zur Durchführung

Macht es euch bequem. Setzt euch auf die Erde oder auf den Boden. Lockert eure Kleidung. Übernehmt die Verantwortung für euer Leben.

Falls ihr diesen Prozeß zu Demonstrationszwecken in einer Gruppe durchführt, dann wälzt euch diesmal mit eurem Nachbarn mit, falls er sich auf dem Boden wälzt. Wenn er lacht, lacht mit - lacht nicht über ihn, sondern lacht **mit** ihm. Und wenn eure Nachbarin eure Fantasie anregt und sie einen wundervollen Ausbruch heiteren Frohsinns auslöst, dann laßt es laufen.

Das ist Emotion! Freudige Emotion! Sie ist süß und erfrischend, und sie beschleunigt euren Traum.

Denkt daran, ihr seid Brüder für einander. Ihr seid durch den Geist Gottes miteinander verbunden.

Seid in Harmonie mit jedem um euch. Wenn ihr diese Verbundenheit fühlen könnt, dann seid ihr von Frieden umgeben.

Macht euch bereit.

Legt euren Schmuck ab.

*Ihr erinnert euch: eure Metalle halten
die Schwingung des Gestern fest.*

Um sich in das Jetzt auszurichten, sollte euer Körper frei von Metallen sein.

Und für diejenigen unter euch, die den Mund damit ausgefüllt haben, euch ist vergeben!

Lockert euren Gürtel.

Zieht die Schuhe aus.

Fangt erst mit diesem Prozeß an, wenn ihr euch bequem fühlt. Wenn ihr euch in einer Gruppe befindet und euch in diesem Arrangement nicht wohlfühlt, dann hört lediglich zu und lernt von denen, die um euch sind. Ihr könnt diesen Manifestationsprozeß alleine ausführen, wenn ihr zu Hause seid - ohne irgendeine Demonstration von irgend jemand.

Atmet.

Schließt die Augen.

Manifestationsgebet

VOM HERRN UND GOTT MEINES SEINS
AUF DEN VATER IN MIR
UND AUF DAS, WAS DU BIST,
NUN REISE ICH.
ÖFFNE DICH,
DENN ICH KEHRE HEIM.
IN DIESER STUNDE
BRING HERVOR
DIE KRAFT,
DAS WISSEN,
DIE MANIFESTATION.
VOM HERRN UND GOTT MEINES SEINS
AUF DEN VATER IN MIR
ES IST GESETZ.
SO SEI ES!

Dankt dem Vater in euch für die Wahrheit, für das Wirkliche, für das Zeitlose. Denn für Gott sind alle Dinge möglich. Indem ihr dafür Dank sagt, wird der Herr und Gott eures Seins, werdet IHR anerkannt, wie euer Name auch sei.

* König Midas besaß die Fähigkeit durch Berührung alles in Gold zu verwandeln - auch das Essen.

"Denkt daran zu sehen und nicht nur zu schauen
Denn nichts ist so wie es scheint.
Diese Allee ist der Weg in den Himmel
Und du bist nichts anderes als ein weiterer Traum.."

Trick of the Light

Mögen eure Wünsche in Erfüllung gehen

Yeshua Ben Joseph sagte, als er versuchte, die vierzig Tage in der Wildnis zu bewältigen: "Weiche von mir, Satan." Er sprach zu seinem veränderten Ego. In der Wüste umarmte er im Verlauf dieses Prozesses alle Städte dieser Welt. Er nahm sie in Besitz, eine nach der anderen. Sobald er mit einer fertig war, ging er weiter zur nächsten und dann zur nächsten. Er entzog sich ihrer Stumpfheit. Und als es vollbracht war, war er hungrig und durstig, und er begab sich sogleich auf eine Hochzeit.

Und die Wahrheit ist: Er wurde zu jenem 'Mann der Wunder', indem er all seine Träume eliminierte. Und was sind Träume? Versuchungen, die unterdrückt werden! Und er machte es nicht mit weniger Nachdruck und Drama und ehrlichem Gefühl, als ihr es machen solltet.

Ihr sollt wissen, daß ich während meines Lebens sieben Jahre auf einem Felsen saß und über die Welt um mich nachdachte. Als der Wind in meinen Gesicht herumzupfte und mir den Umhang um meinen tüchtigen Körper blies, da wollte ich ihn annehmen. Ich mußte. Es bedurfte vieler Jahre, um herauszufinden, wie ich noch einmal so sein konnte. Erst dann wurde ich zum Wind mit all seinen Eigenschaften, mit denen ich ihn wahrgenommen hatte: ungezähmt und frei, machtvoll. Er erhebt sich, enthüllt junge Knie, verursacht das Lachen der Kinder, verwandelt smaragdgrüne in silberne Blätter und wühlt den Teich in seiner Stille auf.

Ich war der Wind unter den Flügeln der Wildvögel.

Und durch dasselbe Drama des Werdens dehnte ich mein Bewußtsein derart aus, daß mein Geist auseinander brach, um das zu **werden**.

Es gab keine Umkehr, denn es gab keine Alternative.

Das Gesetz war in Kraft.

Ihr braucht nichts anderes als jeder große Meister zu tun. Und viele sind übrigens große Meister geblieben. Nur wenige sind weiter fortgeschritten, um innerhalb größerer Grenzen, größerer Wirklichkeiten Christus zu sein. Einige blieben lediglich Magier. Das ist alles.

Mit eurer Begeisterung, durch den Nachdruck und mit eurem brennenden Wunsch, ein Teil davon zu sein, habt ihr ein einzigartiges Bewußtsein erschaffen.

Dieses Bewußtsein wird eure Realität genannt.

Und wahrlich, wenn ihr erst die Tür aufgestoßen
und eure Bestimmung getroffen habt,
dann werdet ihr eines Tages ebenso werden
wie ich einst geworden bin.

Und alle, denen ihr höchsten Respekt und eure Liebe erwiesen habt, werdet ihr nochmals treffen.

Doch ihr müßt durch die Tür gehen, um sie zu treffen.

Schämt euch niemals eurer Gefühle.

Schämt euch niemals eurer Freude.

Und schämt euch nie und nimmer eurer Tränen, die so sanft die Begrenzung offenbaren. Seid ihnen dankbar.

Dankt Gott dafür, daß ihr lebt.

Ihr seid **fühlende** Intelligenz.

Wie hängt das alles mit finanzieller Freiheit zusammen? Durch das Wissen. Durch ganz einfaches Wissen. Ihr habt über Gold und den Papierdollar gelernt. Beides gehört den **Grauen Männern**. Nicht euch.

Aufgrund dieses Wissens werdet ihr mittels reiner Logik aus einer engstirnigen Vision in eine grenzenlose Sphäre gehen.

Wünscht euch, was ihr haben wollt. Lebt es. Seid es. Kostet davon. Riecht es. Es ist. Und es wird sein!

Wünscht euch nie Geld, um Zeit für Gott zu haben. Mit eurem ganzen Geist und eurem ganzen Sein, wünscht Gott zu sein. Alles andere sind Begleiterscheinungen.

Seid nett zu euch. Wenn ihr darauf brennt hinauszulaufen und in etwas zu investieren, das über Nacht ein Vermögen abwirft, dann investiert in euch. Gebt euch die Zeit, jene kostbaren Momente wiederzuerlangen. Gebt euch die Zeit, emotional zu sein, den Traum zu leben, den Kuchen zu essen. **Seht**, daß die Manifestation ins Leben kommen.

Geht auf eure Bestimmung zu. Nehmt sie in Besitz - einen Traum nach dem anderen.

Und eines Tages, geliebtes Wesen, wird es nichts mehr geben, was du besitzen willst, denn du wirst alles sein. Das ist das Geheimnis eines jeden Wesens, das jemals zu Gott wurde, der aus dem Traum über den Menschen erwachte.

Ich werde diesen Manifestationsprozeß und euren ausgesprochenen Wunsch **zu wissen** und **zu fühlen** segnen.

Vom Herrn und Gott meines Seins -
für alle, die gellend aufschrien;
für alle, die ihr Recht geltend gemacht haben;
für alle, die wie das Rollen des Donners
gelacht haben.
Vom Vater in mir auf den inneren Vater, dem alle Dinge antworten - mögen sich eure Wünsche erfüllen zur Ehre Gottes, des Vaters und für alle Ewigkeit und für alle Zeiten, die kommen werden.

Und möget ihr das Licht sein, das die Schatten der Welt offenbart.

In den Tagen, die kommen werden, werde ich mit euch sein! Und für diejenigen von euch, die auf dem Weg sind: Ihr werdet herausfinden, daß es keine wirklichen Blockierungen gibt. Wenn ihr hungrig nach mehr Wissen werdet, ich werde hier sein. Im Wind. Und im Gedanken. Und in der Fantasie.

In der Tat Verlag, Sonnenbichl 12,
86971 Peiting, TEl./Fax: 08861/59018

Ramtha Bd.1
Dieser von der Kritik empfohlener Bestseller stellt die Eckpfeiler von Ramthas Lehren vor. Von Ramtha selbst wird es "Das grosse weiße Buch" genannt. Dieses Werk stellt für die in Unwissenheit und in ihrer Evolution feststeckende Menschheit ein Juwel von unschätzbarem Wert dar, denn es setzt für den Menschen und in ihm ein Wissen wieder frei, das dieser vor langer, langer Zeit vergessen hat.
3-9802507-2-5

Der Letzte Walzer Der Tyrannen Bd.2
Dieses Buch entlarvt die Geschichte und die Pläne der sogenannten Grauen Männer, der geheimen Familien und der Mittelsmänner der Macht, die die Börse dirigieren, denen das "Federal Reserve" System (Zentralbank), sowie der größte Teil der Geldversorgung der Welt gehört. Dieses Buch prüft auch, welchen Weg die Natur einschlagen wird; wobei das Leben, wie wir es kennen, offensichtlich am Rande der Katastrophe steht. Es ist aber ein Buch der Hoffnung, denn es wird kaum jemand widersprechen, daß elementare Veränderungen stattfinden müssen, die- so sagt Ramtha- in der Verherrlichung und Erleuchtung der Menschheit enden werden. 3-9802507-0-9

Ramtha Intensiv: Wendezeit- Die Künftigen Tage Bd.3
Der zweite Band der Intensivserie legt offen, wie die Menschheit bis heute ihre eigenen Umwelt zugerichtet hat. Das Buch stellt eine kompromißlose Schau auf die Natur dar, und auch darauf, wie sie sich erneuern wird. In diesen einmaligen Lehren drängt uns Ramtha, eine persönliche Eigenständigkeit aufzubauen, um physisch und psychisch jene dramatischen Veränderungen, die wir in der Gesellschaft und der Natur zu erwarten haben, zu überleben.
3-9802507-3-3

Ramtha Intensiv: Seelengefährten Bd.4
Der erste Band der Intensivserie ist eine Aufzeichnung des Seattle Intensivseminars vom 10.-12.Januar 1986. Es ist eine leidenschaftliche Lehre über die Wissenschaft von Seelengefährten, die Entwürdigung der männlich-weiblichen Beziehungsverhältnisse, die die Seelengefährten getrennt gehalten hat- und über die Wiedervereinigung der Seelengefährten durch die Macht der Liebe.
3-9802507-4-1

Ramtha: Eine Einführung - Ausgewählte Lehren Bd.5
Dieses vielschichtige Buch nimmt die Emotionen gefangen, fordert den Geist heraus, berührt die Herzen und eröffnet dem Leser die Großartigkeit des Lebens. Dieses Buch ist eigentlich mehr als eine Einführung, denn diese ausgezeichnete Buchausgabe führt uns das volle Spektrum von Ramthas Lehren vor. 3-9802507-6-8

UFOs und Beschaffenheit von Wirklichkeit Bd.6
Einblick in außerirdisches Bewußtsein und interdimensionalen Geist
Dieses Buch wird Ihre Betrachtungsweise dessen, was man Ihnen je erzählt hat, ändern. Sie haben ein Recht auf das Wissen über den großen Einfluß von Außerirdischen auf die Bibel, auf unsere Regierung und auf unser tägliches Leben. UFOs und die Beschaffenheit von Wirklichkeit ist eine Erörterung über lineare Zeit, Objektivität, interdimensionalen Geist, Superbewußtsein und über die Transfiguration von Materie. Es ist gleichfalls ein Buch über Hoffnung. Und Liebe. Und Gott.
3-9802507-8-4

Finanzielle Freiheit - Die Wahl Bd.7
Ein humorvoll verfaßtes und inspirierendes Buch. Ramtha erklärt, auf welche Weise unerfüllte Träume eine Begrenzung darstellen, sowohl für Wachstum und Entwicklung, wie auch letztendlich für Ihr finanzielles Wohlbefinden. Finanzielle Freiheit wird Ihnen dabei helfen, Ihre Träume zu erfüllen, und wird eine neue Dimension von Möglichkeiten und Wahlfreiheiten eröffnen, die den Leser auf seinem Weg zu persönlicher und finanzieller Freiheit in immer machtvolleren Stand versetzen werden.
3-9802507-9-2

Der Geschichtenerzähler Bd.8
"Der Geschichtenerzähler" ist eine Sammlung von über 30 Geschichten, die Ramtha über die Jahre hinweg erzählte.
Die Originalform von Ramthas Sprache wurde beibehalten.
Der erste Teil des Buches umfaßt Geschichten, die zu Ramthas Zeiten stattgefunden haben. Die andere sollen dem Leser bewußt machen, wer er ist und wie er lebt. Ramtha: "Geschichten waren das Mittel, tiefes Wissen zu offenbaren, oft in einfacher Ausdrucksweise. Diese Erzählungen waren die Schätze vieler Generationen... Sie sollen all denen als Lehre dienen, die neben den Erwartungen der Gesellschaft noch andere Werte im Leben suchen....."
ISBN 3-9802507-1-7 über 300 Seiten mit zahlreichen Zeichnungen

Werden Bd.9
Jede Seite enthält einzelne Gedanken oder Gedankenkomplexe über die Schönheit, Würdigkeit und Macht des menschlichen Geistes. Es soll uns lehren, bedingungslos zu lieben und den "Vater" in uns zu finden. 3-89539-058-5

Manifestieren Bd.10
Dieses Buch ist ebenso gestaltet wie das Buch "Werden". Es zeigt uns, wie man Mangel in Fülle umwandelt und die Vergangenheit und Zukunft mit dem Jetzt in Einklang bringt, um das zu kreieren, was wir möchten.
Dieses Buch enthält Techniken, Übungen und Informationen, die uns helfen, zu manifestieren. Ramtha: "Diese Bücher sollen uns nicht nur das Wissen vom "Werden" und "Manifestieren" aufzeigen, sondern auch, wer wir sein können und wer wir bisher waren." 3-89539-059-3

Die alte Schule der Weisheit Bd.11
"Vielleicht das wichtigste Werk von Ramtha - auf jeden Fall das aktuellste."
*Ziel und Aufgabe alter Weisheitsschulen
*Voraussetzungen zum Zugang
*Gibt es überhaupt heute noch Weisheitsschulen?

Ein wichtiges und spannendes Buch.

Weitere Titel:
Die Götter von Eden
von William Bramley
Eine außergewöhnliche Reise durch die Geschichte von den Anfängen der Menschheit bis zu den Schlagzeilen von heute. Begleiten Sie den Autor, wenn er das Problem des Krieges und des menschlichen Leids erforscht und entdecken Sie einen bemerkenswerten Zusammenhang mit dem jahrhundertealten UFO-Phänomen. Dieses Buch ist das Ergebnis siebenjähriger intensiver Recherchen und eines der wissenschaftlichsten und umfassendsten seiner Art. Sorgfältig belegt und illustriert vermitteln "Die Götter von Eden" zahlreiche erstaunlich neue Informationen über UFOs und ihren überraschenden Einfluß auf unsere Welt. Das ist die Geschichte von ihrer spannensten und widersprüchlichsten Seite. Wenn Sie etwas für provozierende neue Ideen übrig haben, müssen Sie "Die Götter von Eden" einfach lesen.
Nicht nur begeisterte LeserInnen, jetzt auch das "Magazin 2000" in ihrer Neusten Ausgabe, erklärten dieses Werk zum: **"Buch des Jahres 1993"**
3-9802507-7-6